キャリア教育支援ガイド

お仕事ナビ 4

医療に関わる仕事

- 看護師
- 外科医
- 義肢装具士
- 創薬研究者
- 薬剤師

理論社

Contents

目次《もくじ》

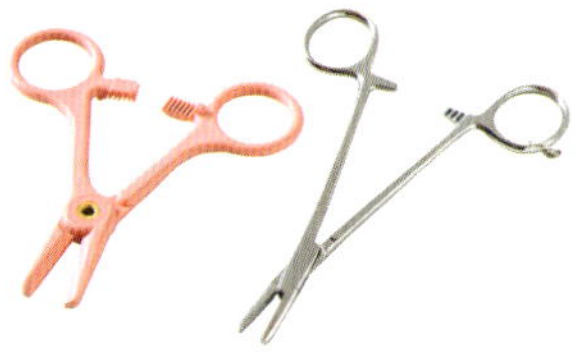

File:01 看護師《かんごし》

川崎《かわさき》 遥《はるか》さん

File:02 外科医《げかい》

野村耕司《のむらこうじ》さん

File:03 義肢装具士《ぎしそうぐし》

臼井二美男《うすいふみお》さん

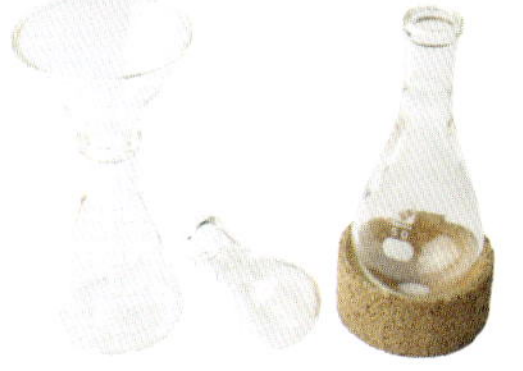

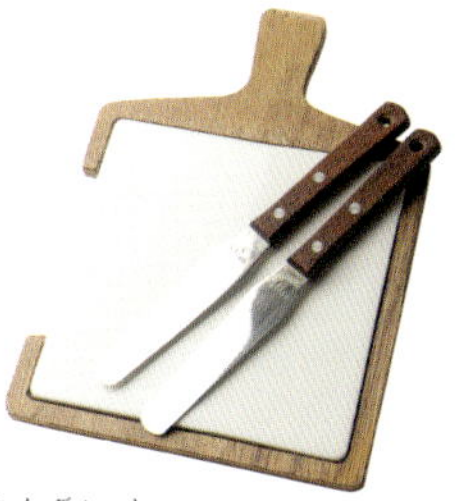

看護師《かんごし》ってどんな仕事《しごと》？

救世軍清瀬病院《きゅうせいぐんきよせびょういん》 看護部《かんごぶ》
川崎《かわさき》 遥《はるか》さん

患者家族《かんじゃかぞく》のサポート役《やく》として欠《か》かせない仕事《しごと》

皆《みな》さんも一度《いちど》はお世話《せわ》になったことのある看護師《かんごし》。医師《いし》の診療《しんりょう》の補助《ほじょ》をしたり、病気《びょうき》や障《しょう》がいを持《も》つ患者《かんじゃ》さんの生《せい》活《かつ》を補助《ほじょ》したりするのがおもな仕事《しごと》です。

病院《びょういん》以外《いがい》でも介護施設《かいごしせつ》や在《ざい》宅診療《たくしんりょう》など、いろいろな場所《ばしょ》で活躍《かつやく》しています。

看護師《かんごし》として働《はたら》くには正確《せいかく》な医療《いりょう》の知識《ちしき》が必要《ひつよう》で、国《くに》が認定《にんてい》する「看護師《かんごし》」の資格《しかく》を取《と》らなくてはいけません。

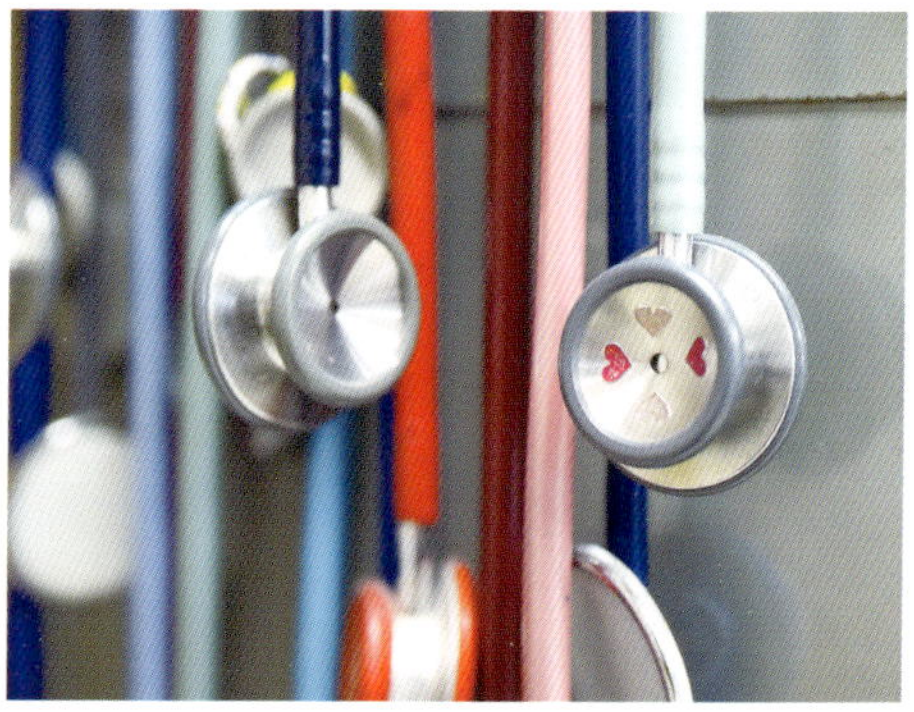

穏《おだ》やかな最期《さいご》を迎《むか》えるための病院《びょういん》

川崎《かわさき》さんの働《はたら》く救世軍清瀬《きゅうせいぐんきよせ》病院《びょういん》のホスピス病棟《びょうとう》では、がんなどの病気《びょうき》が進行《しんこう》して治《なお》る見込《みこ》みがなく、残《のこ》された時間《じかん》が限《かぎ》られた終末期《しゅうまつき》という患者《かんじゃ》さんを受《う》け入《い》れています。

ここでは患者《かんじゃ》さんの苦痛《くつう》を長引《ながび》かせるような延命治療《えんめいちりょう》は行《おこな》いません。最後《さいご》まで自分《じぶん》らしく生《い》きられるように体《からだ》と心《こころ》の苦痛《くつう》をやわらげる、緩和《かんわ》ケアという医療《いりょう》を行《おこな》っています。その目的《もくてき》のために多《おお》くの専門《せんもん》家《か》が関《かか》わっていて、看護師《かんごし》以外《いがい》に緩和《かんわ》ケア専門医《せんもんい》、社会福《しゃかいふく》祉士《しし》、音楽療法士《おんがくりょうほうし》、牧師《ぼくし》などがチームを組《く》んでいます。

川崎《かわさき》さんの一日《いちにち》

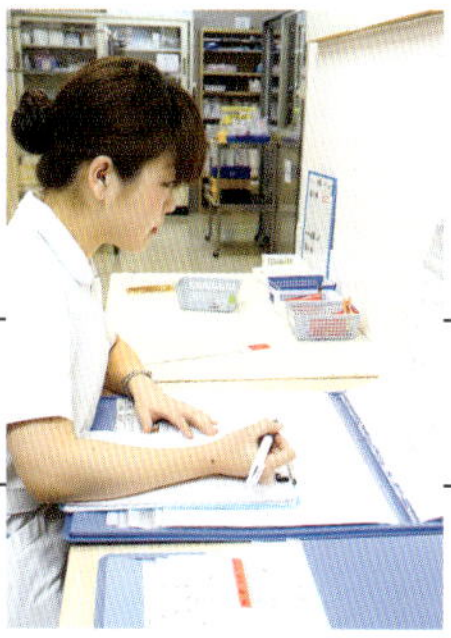

08:00 出勤《しゅっきん》

08:30 情報《じょうほう》シート確認《かくにん》、申《もう》し送《おく》り

08:45 麻薬《まやく》のチェック

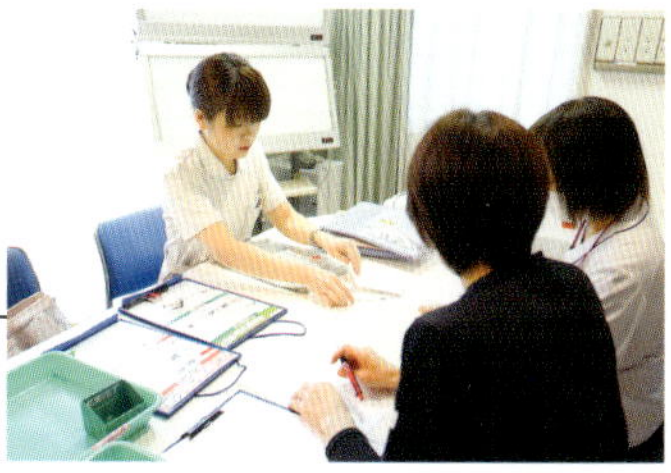

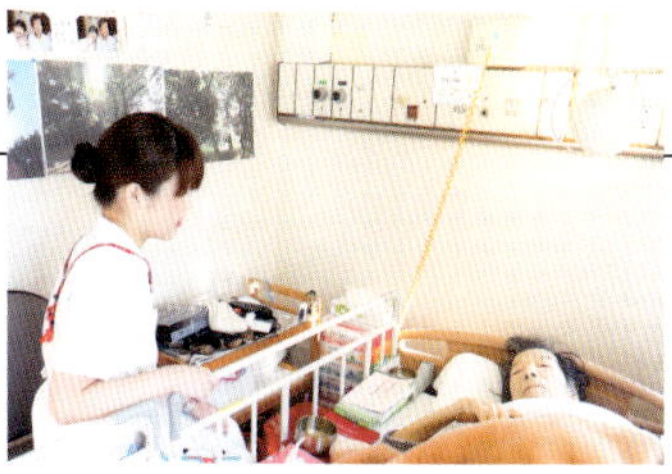

09:00 患者《かんじゃ》さんへあいさつ、午前《ごぜん》の点滴《てんてき》・薬《くすり》の準備《じゅんび》

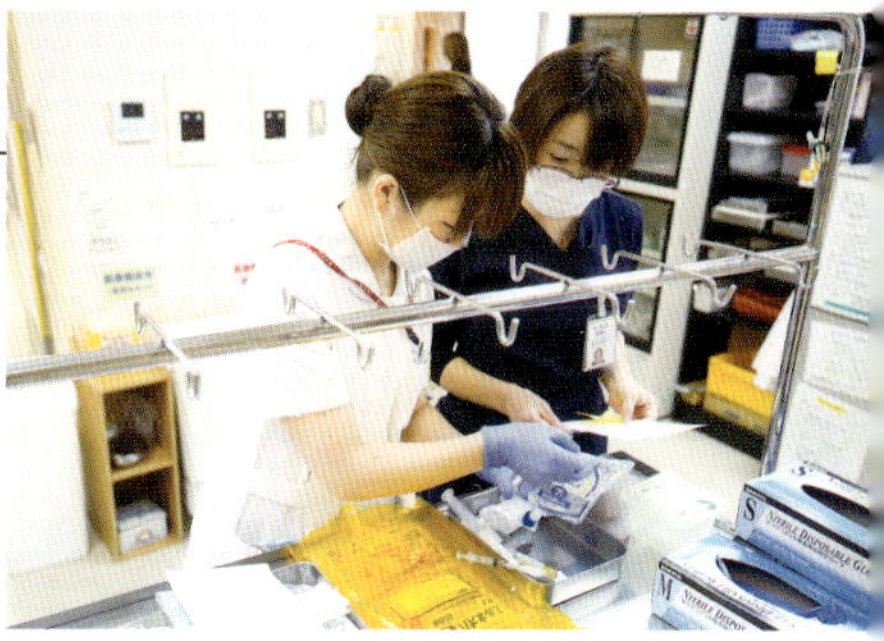

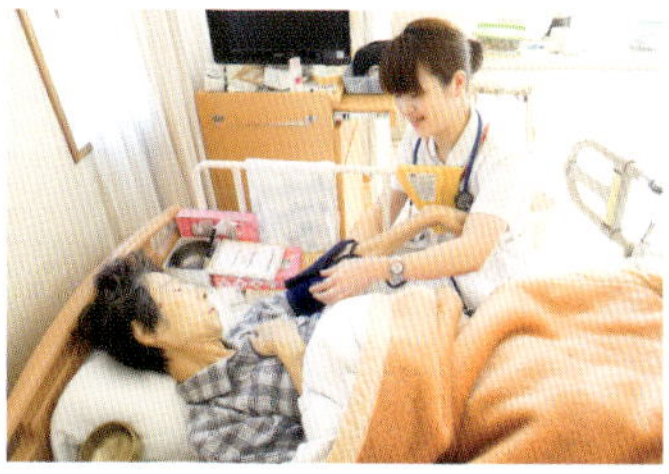

09:15 患者《かんじゃ》さんのケア

11:30 休憩《きゅうけい》

12:00 患者《かんじゃ》さんの昼食配膳《ちゅうしょくはいぜん》

13:45 ナースカンファレンス

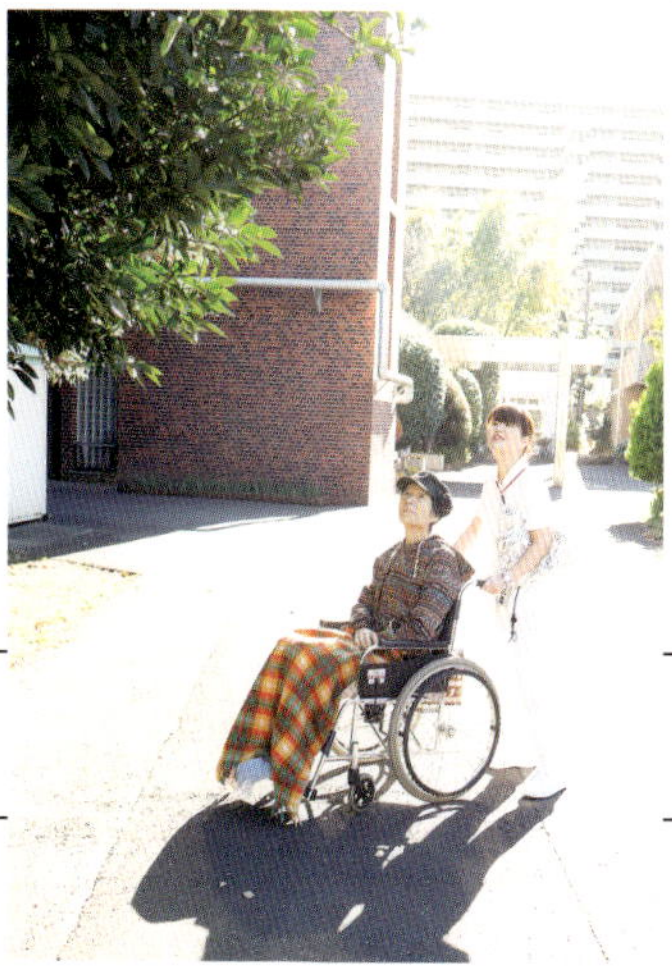

14:15 午後《ごご》の点滴《てんてき》・薬《くすり》の準備《じゅんび》、患者《かんじゃ》さんのケア

15:00 患者《かんじゃ》さんのケア終了《しゅうりょう》

15:30 リーダーに申《もう》し送《おく》り

17:00 退勤《たいきん》

看護師《かんごし》の仕事《しごと》

08:30 情報《じょうほう》シート確認《かくにん》、申《もう》し送《おく》り

出勤後《しゅっきんご》、ナース服《ふく》に着替《きが》えて最初《さいしょ》に取《と》りかかるのは、担当《たんとう》する患者《かんじゃ》さんの情報《じょうほう》シートのチェックです。シートには患者《かんじゃ》さんの病状《びょうじょう》や毎日《まいにち》の体調《たいちょう》の他《ほか》、家族《かぞく》がお見舞《みま》いに来《く》る日《ひ》など、よりよい看護《かんご》をするために必要《ひつよう》な情報《じょうほう》がたくさん記録《きろく》されています。

その後《ご》、会議室《かいぎしつ》に全看護師《ぜんかんごし》が集《あつ》まって夜勤者《やきんしゃ》からの申《もう》し送《おく》りを受《う》けます。リーダーから入院患者《にゅういんかんじゃ》さんの昨晩《さくばん》の状態《じょうたい》が伝《つた》えられ、その日《ひ》の看護《かんご》の注意点《ちゅういてん》を全員《ぜんいん》で共有《きょうゆう》します。

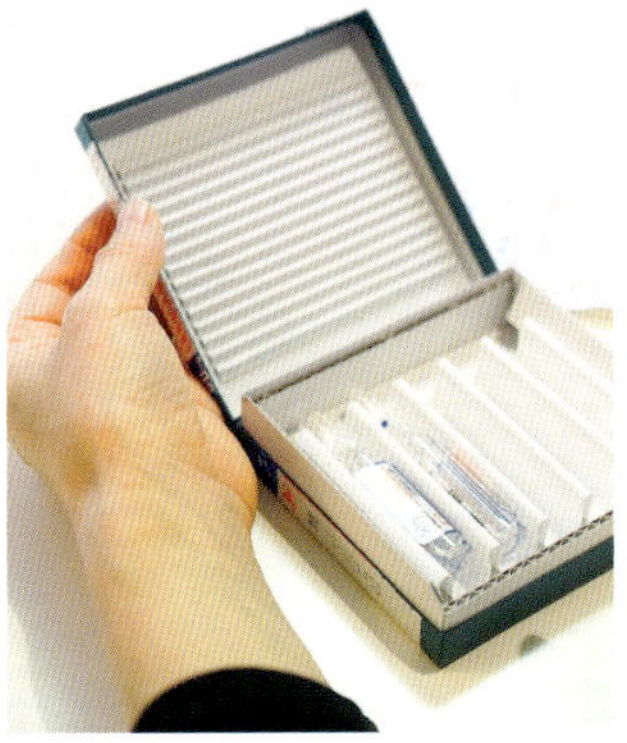

08:45 麻薬《まやく》のチェック

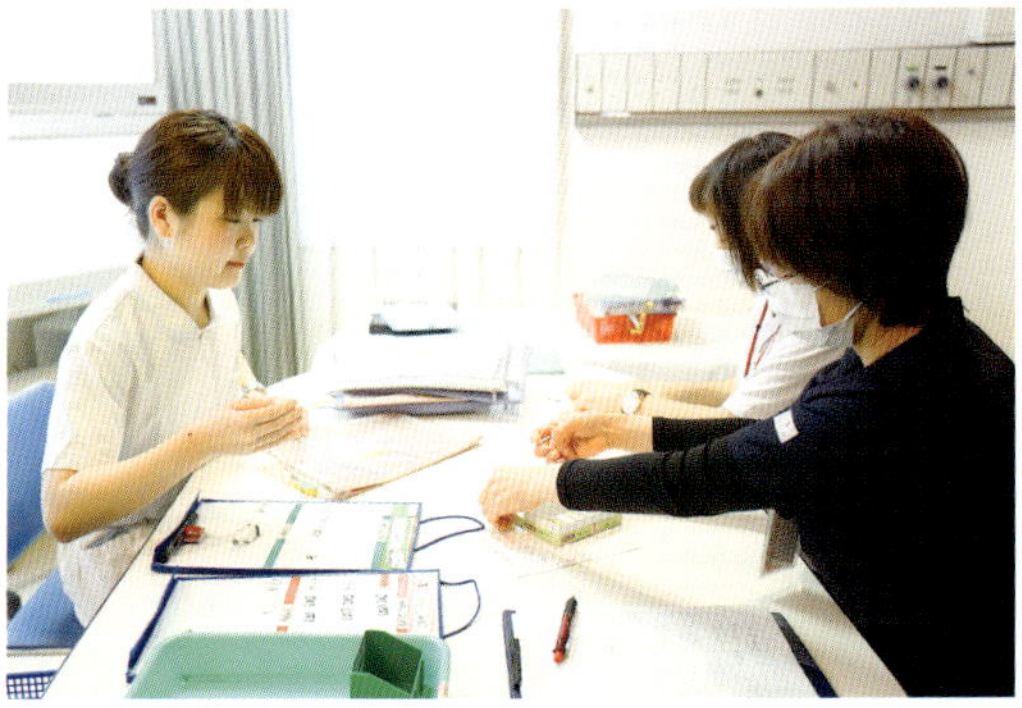

次《つぎ》に取《と》りかかるのは麻薬《まやく》の確認《かくにん》です。ホスピスでは患者《かんじゃ》さんの痛《いた》みや息苦《いきぐる》しさを取《と》り除《のぞ》くため、一般《いっぱん》の薬《くすり》より効《き》き目《め》の強《つよ》い医療用麻薬《いりょうようまやく》を使《つか》う必要《ひつよう》が出《で》てきます。これらはいつも鍵《かぎ》のかかる金庫《きんこ》に入《い》れて数《かず》を管理《かんり》するなど、取《と》り扱《あつか》い方《かた》が法律《ほうりつ》で厳《きび》しく定《さだ》められています。

薬《くすり》は患者《かんじゃ》さんごとのケースに分《わ》けられています。数《かず》もしっかり管理《かんり》されており、間違《まちが》いを防《ふせ》ぐため、チェックは3人《にん》の看護師《かんごし》が同時《どうじ》に行《おこな》います。絶対《ぜったい》に誤《あやま》りが許《ゆる》されない緊張《きんちょう》する場面《ばめん》です。

09:00 患者《かんじゃ》さんへあいさつ、点滴《てんてき》・薬《くすり》の準備《じゅんび》

病室《びょうしつ》に顔《かお》を出《だ》し、担当《たんとう》する患者《かんじゃ》さんへあいさつをします。不安《ふあん》を表《おもて》に出《だ》すと患者《かんじゃ》さんにも移《うつ》ってしまうため、川崎《かわさき》さんはいつもおだやかな笑顔《えがお》を心《こころ》がけています。

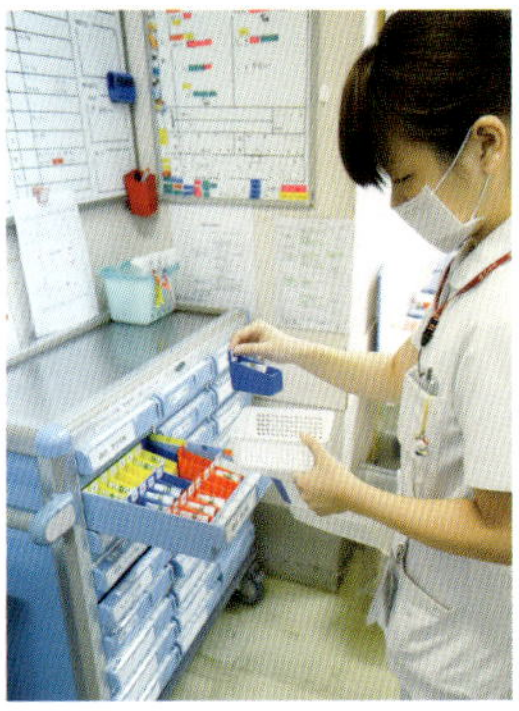

あいさつが終《お》わると、ナースステーションで薬《くすり》の準備《じゅんび》です。衛生管理《えいせいかんり》のために手《て》を洗《あら》ってから手袋《てぶくろ》をつけ、それぞれの患者《かんじゃ》さんに処方《しょほう》された点滴薬《てきやく》を用意《ようい》します。飲《の》み薬《ぐすり》は配薬《はいやく》カートにあらかじめ1週間分《しゅうかんぶん》が準備《じゅんび》されていて、必要《ひつよう》な分量《ぶんりょう》を取《と》り出《だ》します。

薬《くすり》の種類《しゅるい》や分量《ぶんりょう》を間違《まちが》えないよう、薬《くすり》の準備《じゅんび》・投与《とうよ》・廃棄《はいき》の3回《かい》、それぞれ2人《ふたり》以上《いじょう》の看護師《かんごし》が必《かなら》ず確認《かくにん》するチェック体制《たいせい》を作《つく》っています。

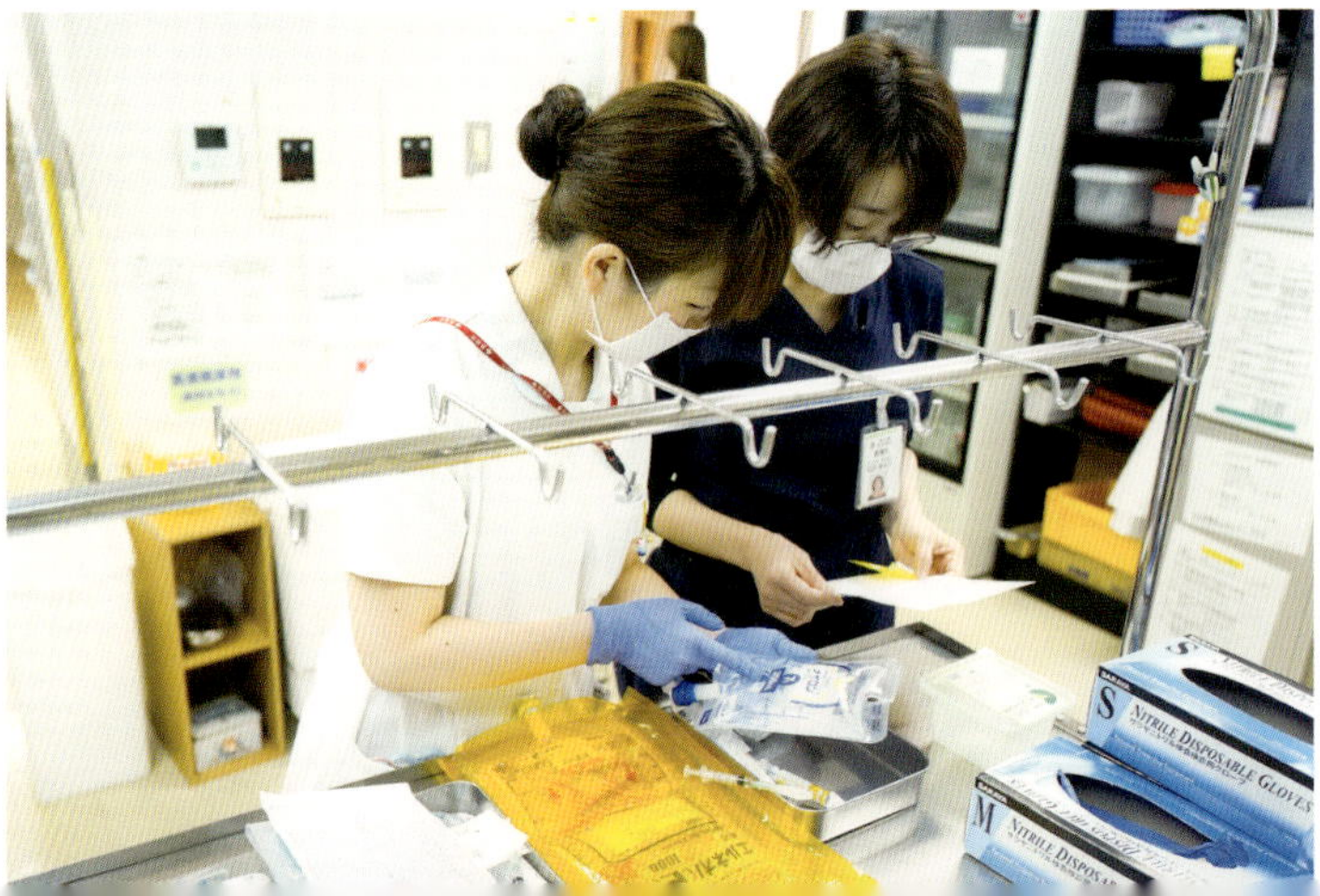

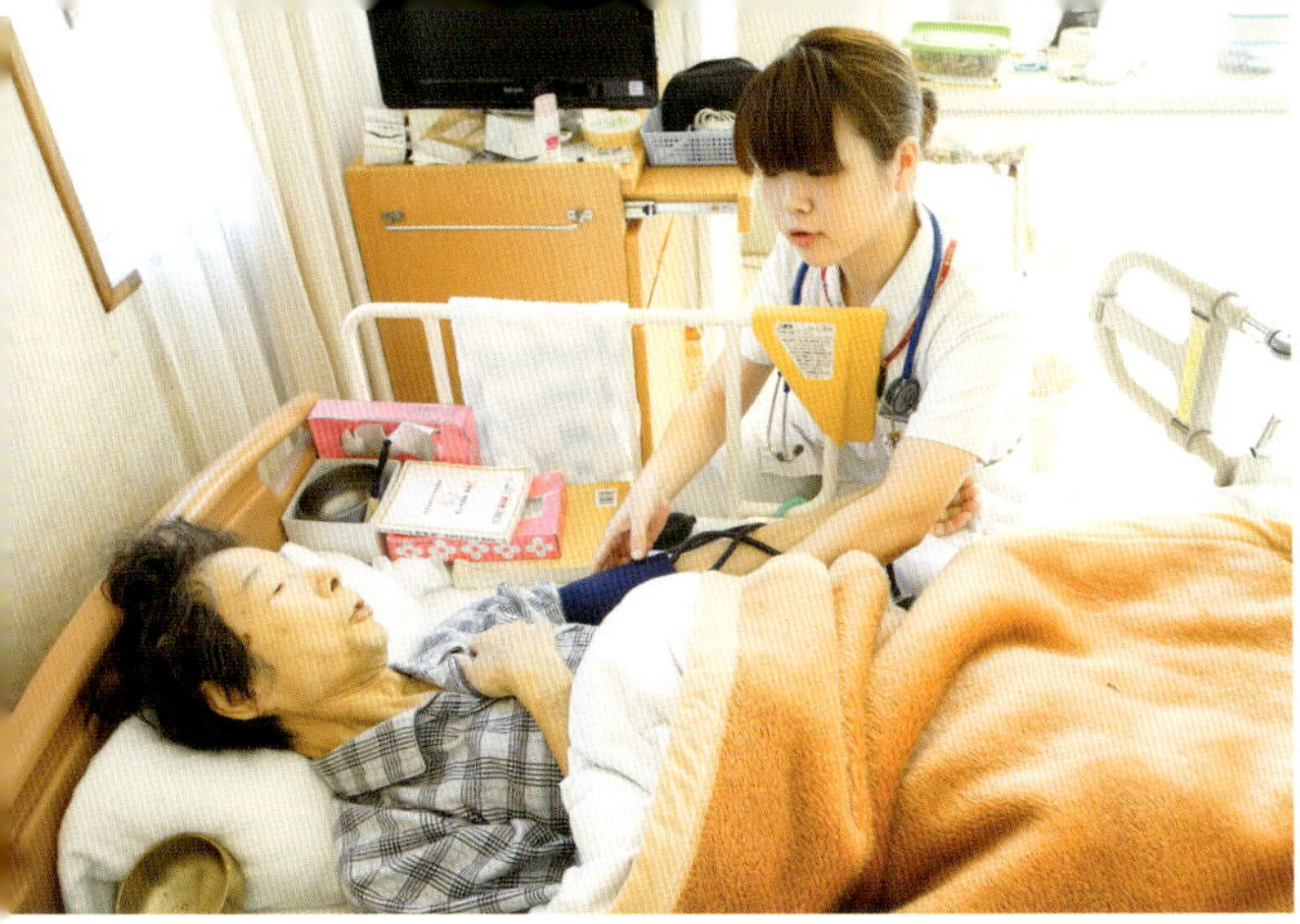

09:15 患者《かんじゃ》さんのケア

準備《じゅんび》した薬《くすり》をカートに載《の》せて病室《びょうしつ》に向《む》かいます。抵抗力《ていこうりょく》の落《お》ちている患者《かんじゃ》さんが多《おお》いため、除菌《じょきん》してから病室《びょうしつ》に入《はい》るなど、気《き》をつけます。

まずは体調《たいちょう》を把握《はあく》するために体温《たいおん》、脈拍《みゃくはく》、血圧《けつあつ》などを測《はか》ります。患者《かんじゃ》さんと会話《かいわ》をし、体《からだ》の痛《いた》みや体調《たいちょう》の変化《へんか》がないかの確認《かくにん》も欠《か》かしません。さっき用意《ようい》した薬《くすり》も患者《かんじゃ》さんに使《つか》います。よりよいケアができるよう、患者《かんじゃ》さんの体調《たいちょう》や薬《くすり》の量《りょう》はこまめに記録《きろく》に残《のこ》します。

不調《ふちょう》を訴《うった》える患者《かんじゃ》さんがいる場合《ばあい》はすぐ医師《いし》に報告《ほうこく》し、苦痛《くつう》を取《と》り除《のぞ》くための処置《しょち》を取《と》ります。そのために緩和《かんわ》ケアの専門医《せんもんい》が常《つね》に病院内《びょういんない》にいて、いつでも対応《たいおう》できる準備《じゅんび》が整《ととの》っています。

12:00 患者《かんじゃ》さんの昼食配膳《ちゅうしょくはいぜん》

昼食《ちゅうしょく》の配膳《はいぜん》も看護師《かんごし》の仕事《しごと》です。食事《しょくじ》は患者《かんじゃ》さんの体調《たいちょう》や好《この》みに合《あ》わせて病院内《びょういんない》で調《ちょう》理《り》されています。病気《びょうき》が進《すす》んで自力《じりき》で食事《しょくじ》をするのが難《むずか》しい患者《かんじゃ》さんの場合《ばあい》、食事《しょくじ》の補《ほ》助《じょ》も必要《ひつよう》です。

食事《しょくじ》が終《お》わると食器《しょっき》を回収《かいしゅう》。体調管理《たいちょうかんり》のためにどのくらいの量《りょう》を食《た》べたか、どんな薬《くすり》を飲《の》んだかも記録《きろく》します。

看護師《かんごし》もこの時間《じかん》に交代《こうたい》で昼食《ちゅうしょく》を取《と》ります。

13:45 ナースカンファレンス

ナースステーションに看護《かんご》師《し》全員《ぜんいん》が集《あつ》まり、会議《かいぎ》を開《ひら》きます。議題《ぎだい》は看護方針《かんごほうしん》について。患者《かんじゃ》さんの体《からだ》の問題《もんだい》に限《かぎ》らず、生活《せいかつ》や家庭問題《かていもんだい》の対処《たいしょ》など、心《こころ》にも十分《じゅうぶん》なケアができるよう取《と》り組《く》んでいます。

緩和《かんわ》ケア病棟《びょうとう》にはさまざまな経験《けいけん》を積《つ》んだ看護師《かんごし》が多《おお》く、川崎《かわさき》さんもすごく勉強《べんきょう》になるそうです。また、若手看護師《わかてかんごし》も自分《じぶん》のアイディアを出《だ》し、全員《ぜんいん》がチームとして患者《かんじゃ》さんの看護《かんご》にあたっています。

14:15 点滴《てんてき》・薬《くすり》の準備《じゅんび》、患者《かんじゃ》さんのケア

ホスピスには寝《ね》たきりの人《ひと》から自分《じぶん》で歩《ある》ける人《ひと》まで、いろいろな体調《たいちょう》の人《ひと》が入院《にゅういん》していて、それぞれの患者《かんじゃ》さんに合《あ》わせた看護《かんご》を行《おこな》っています。体《からだ》を動《うご》かせない人《ひと》のための体位変換《たいいへんかん》、体力《たいりょく》の落《お》ちた人《ひと》のための入浴介助《にゅうよくかいじょ》などさまざまです。

患者《かんじゃ》さんの体調《たいちょう》によっては病院内《びょういんない》を散歩《さんぽ》することも。清《きよ》瀬《せ》病院《びょういん》には多《おお》くの植物《しょくぶつ》が植《う》えられていて、四季《しき》を感《かん》じられると入院患者《にゅういんかんじゃ》さんに好評《こうひょう》です。寒《さむ》い時期《じき》は体《からだ》の弱《よわ》った患者《かんじゃ》さんの体調《たいちょう》を気《き》づかい、十分《じゅうぶん》に寒《さむ》さ対策《たいさく》をして出《で》かけます。

いろいろな人生《じんせい》を送《おく》ってきた患者《かんじゃ》さんと触《ふ》れ合《あ》えることも、この仕事《しごと》の魅力《みりょく》だと川崎《かわさき》さんは言《い》います。

15:30 リーダーに申《もう》し送《おく》り

その日《ひ》の担当患者《たんとうかんじゃ》さんの状《じょう》態《たい》をリーダーに申《もう》し送《おく》りします。こうした患者《かんじゃ》さんの状態《じょうたい》はリーダーから夜勤《やきん》の看護師《かんごし》に伝《つた》えられ、効率《こうりつ》のよい情報《じょうほう》共有《きょうゆう》を行《おこな》っています。

日勤《にっきん》は8時《じ》30分《ぷん》から17時《じ》、夜勤《やきん》は16時《じ》半《はん》から翌日《よくじつ》の9時《じ》まで。こうして24時間体制《じかんたいせい》で毎日《まいにち》の看護《かんご》を行《おこな》い、見守《みまも》ることで、患者《かんじゃ》さんたちが落《お》ち着《つ》いた生活《せいかつ》を送《おく》れるように支《ささ》えていきます。

時《とき》にはこんな仕事《しごと》も

落《お》ち着《つ》いた時《とき》を
過《す》ごすために

明《あか》るい笑顔《えがお》がたえないホスピス

清瀬病院《きよせびょういん》では患者《かんじゃ》さんが充《じゅう》実《じつ》した生活《せいかつ》を送《おく》れるよう、さまざまなイベントを開催《かいさい》しています。毎週開《まいしゅうひら》かれているものだけでも、アロマセラピー、ハープ演奏《えんそう》、ティータイム、マッサージなどがあります。それぞれで資格《しかく》や特技《とくぎ》を持《も》った看護師《かんごし》やボランティアの人《ひと》たちが、希望《きぼう》する患者《かんじゃ》さんたちにサービスを提供《ていきょう》しています。川崎《かわさき》さんも以前《いぜん》からピアノをやっていて、患者《かんじゃ》さんと一緒《いっしょ》に音楽《おんがく》を聴《き》いたり、音楽《おんがく》の話《はなし》をしたりしているといいます。

また、季節《きせつ》ごとにもいろいろな催《もよお》しがあります。春《はる》はお花見《はなみ》、夏《なつ》は七夕《たなばた》に花火大会《はなびたいかい》、冬《ふゆ》にはクリスマスなどです。このようにして、患者《かんじゃ》さんとその家族《かぞく》が最後《さいご》の時《とき》を過《す》ごせるよう、さまざまな工夫《くふう》をこらしているのです。

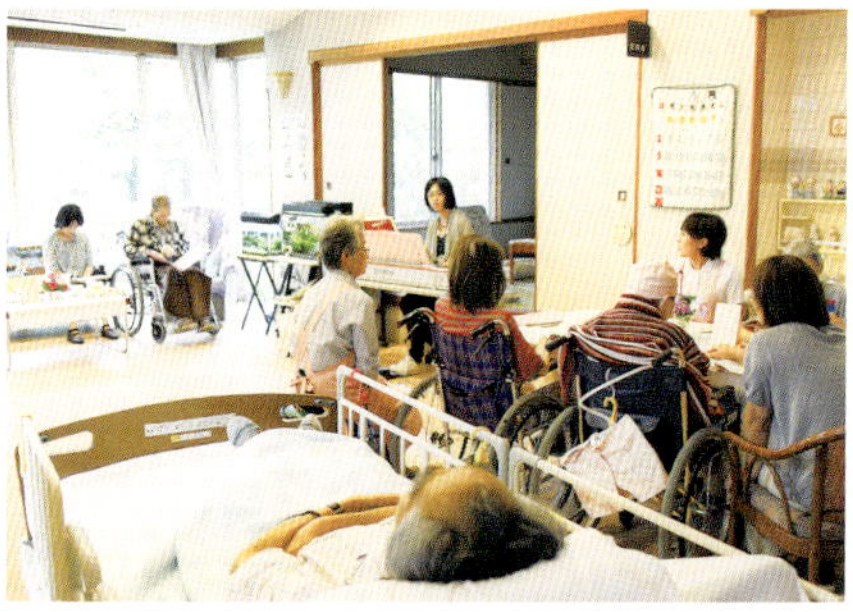

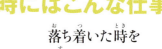

川崎《かわさき》さんに聞《き》いてみよう! Q&A

Q この仕事《しごと》の大変《たいへん》なところ、苦労《くろう》は何《なん》ですか?

A やっぱり患者《かんじゃ》さんとのお別《わか》れがとても辛《つら》いです。もっと何《なに》かできたのではないかといつも考《かんが》えます。辛《つら》くて辞《や》めてしまう人《ひと》もいますし、悩《なや》んでいるスタッフを見《み》るのもとても辛《つら》いです。

話《はな》し好《ず》きだった患者《かんじゃ》さんが体《からだ》の辛《つら》さで話《はな》すことをやめて、そのまま最期《さいご》を迎《むか》えたことがありました。何《なに》もしてあげられない自分《じぶん》がいて、申《もう》し訳《わけ》ない思《おも》いもあって、それを見《み》ているご家族《かぞく》の辛《つら》さもあって、本当《ほんとう》に全部《ぜんぶ》が辛《つら》かったです。

Q 看護師《かんごし》をしていて一番《いちばん》うれしかったことは何《なん》ですか?

A 病気《びょうき》で物《もの》を食《た》べられないけれど、大好《だいす》きなコーヒーを飲《の》みたいと言《い》っていた患者《かんじゃ》さんがいました。その方《かた》が亡《な》くなる直前《ちょくぜん》、一瞬《いっしゅん》意識《いしき》が戻《もど》ったんです。私《わたし》は何《なに》も言《い》えず、ただ座《すわ》って、手《て》を握《にぎ》ることしかできませんでした。

そのとき、その方《かた》が「コーヒーを飲《の》みたい」と言《い》ったんです。急《いそ》いで持《も》っていくと、一口《ひとくち》だけ飲《の》んで、「あなたがいてくれてよかった」と言《い》ってくれました。とてもうれしくて印象《いんしょう》に残《のこ》っています。

Q なぜ看護師《かんごし》になろうと思《おも》ったのですか?

A 高校生《こうこうせい》の頃《ころ》、祖母《そぼ》が認知症《にんちしょう》になったんです。一人《ひとり》で過《す》ごしているのがよくないんじゃないかと何《なん》の知識《ちしき》もないなりに考《かんが》えて、祖母《そぼ》の家《いえ》で二人暮《ふたりぐ》らしを始《はじ》めました。けれども、最後《さいご》は施設《しせつ》に入《はい》って亡《な》くなってしまいました。

自分《じぶん》は何《なに》もできなかった、どんなことをしてあげられたんだろうと考《かんが》えました。それで、看護《かんご》の能力《のうりょく》があればもっといいケアができたのではないかと思《おも》ったことが、看護師《かんごし》になったきっかけです。

Q 看護師《かんごし》に興味《きょうみ》を持《も》っている人《ひと》へメッセージをお願《ねが》いします

A とても心《こころ》が温《あたた》かくなる職業《しょくぎょう》だと思《おも》うので、なってくれる人《ひと》が増《ふ》えるとうれしいです。人《ひと》のために何《なに》かができる、思《おも》いやりのある人《ひと》に向《む》いている仕事《しごと》ですから、そんな人《ひと》が世《よ》の中《なか》にいっぱいいたらいいなとも思《おも》います。

患者《かんじゃ》さんから教《おそ》わることは本当《ほんとう》に多《おお》いですし、それによって自分《じぶん》も成長《せいちょう》できます。道《みち》のりは簡単《かんたん》ではないですけど、目指《めざ》そうと決《き》めたら頑張《がんば》って思《おも》いを貫《つらぬ》くことが大事《だいじ》です。

Q 看護師《かんごし》としての将来《しょうらい》の夢《ゆめ》は何《なん》ですか?

A よく「あの先生《せんせい》がいるからこの病院《びょういん》に決《き》めた」という、お医者《いしゃ》さんが宣伝《せんでん》になっている病院《びょういん》がありますよね。看護師《かんごし》の場合《ばあい》はあまり聞《き》いたことがないんですけど、同《おな》じように「この看護師《かんごし》たちがいるからこの病院《びょういん》に決《き》めた」という、病院《びょういん》の顔《かお》のような存在《そんざい》になれたらいいなと思《おも》います。それも自分《じぶん》一人《ひとり》が看板《かんばん》になりたいわけではなくて、ここのチームみんなでそういう風《ふう》になれたらとてもうれしいですね。

Q もっと子《こ》どもの頃《ころ》にしておけばよかったと思《おも》うことは?

A 理科《りか》と社会《しゃかい》の勉強《べんきょう》が苦手《にがて》で、もっとやっておけばよかったと思《おも》います。どちらも病院《びょういん》で必要《ひつよう》な知識《ちしき》なので、いま苦労《くろう》しています。日々《ひび》勉強《べんきょう》です。

それと、ろうあの方《かた》がときどき入院《にゅういん》されることがあります。筆談《ひつだん》をするんですけど、病気《びょうき》が進《すす》むと手《て》の力《ちから》がなくなって、字《じ》がちゃんと書《か》けなくなってしまう方《かた》がいるんです。手話《しゅわ》ができればそういうときも話《はなし》ができるので、手話《しゅわ》を習《なら》っておけばよかったと思《おも》います。

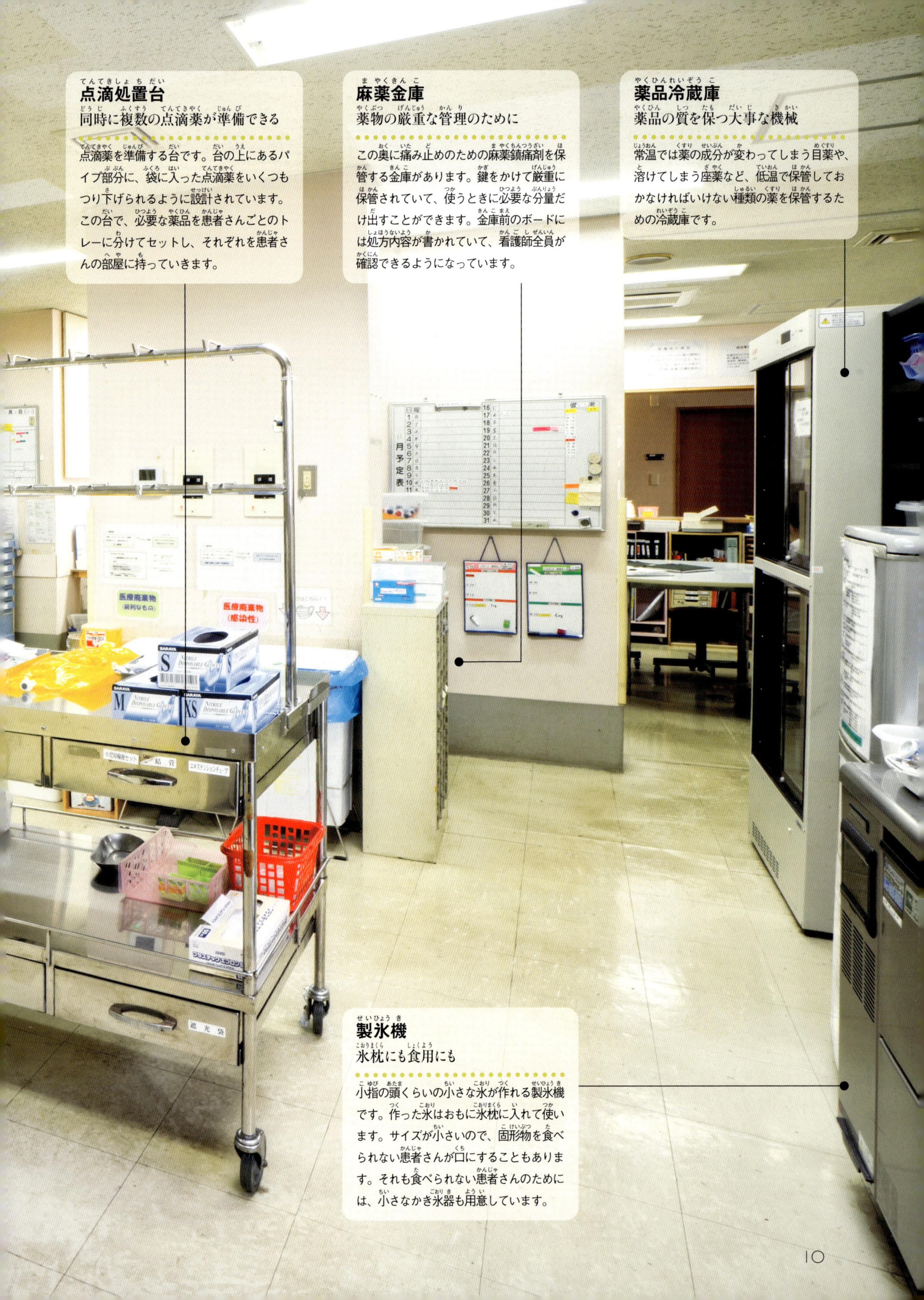

点滴処置台《てんてきしょちだい》

同時《どうじ》に複数《ふくすう》の点滴薬《てんてきやく》が準備《じゅんび》できる

点滴薬《てんてきやく》を準備《じゅんび》する台《だい》です。台《だい》の上《うえ》にあるパイプ部分《ぶぶん》に、袋《ふくろ》に入《はい》った点滴薬《てんてきやく》をいくつもつり下《さ》げられるように設計《せっけい》されています。この台《だい》で、必要《ひつよう》な薬品《やくひん》を患者《かんじゃ》さんごとのトレーに分《わ》けてセットし、それぞれを患者《かんじゃ》さんの部屋《へや》に持《も》っていきます。

麻薬金庫《まやくきんこ》

薬物《やくぶつ》の厳重《げんじゅう》な管理《かんり》のために

この奥《おく》に痛《いた》み止《ど》めのための麻薬鎮痛剤《まやくちんつうざい》を保《ほ》管《かん》する金庫《きんこ》があります。鍵《かぎ》をかけて厳重《げんじゅう》に保管《ほかん》されていて、使《つか》うときに必要《ひつよう》な分量《ぶんりょう》だけ出《だ》すことができます。金庫前《きんこまえ》のボードには処方内容《しょほうないよう》が書《か》かれていて、看護師全員《かんごしぜんいん》が確認《かくにん》できるようになっています。

薬品冷蔵庫《やくひんれいぞうこ》

薬品《やくひん》の質《しつ》を保《たも》つ大事《だいじ》な機械《きかい》

常温《じょうおん》では薬《くすり》の成分《せいぶん》が変《か》わってしまう目薬《めぐすり》や、溶《と》けてしまう座薬《ざやく》など、低温《ていおん》で保管《ほかん》しておかなければいけない種類《しゅるい》の薬《くすり》を保管《ほかん》するための冷蔵庫《れいぞうこ》です。

製氷機《せいひょうき》

氷枕《こおりまくら》にも食用《しょくよう》にも

小指《こゆび》の頭《あたま》くらいの小《ちい》さな氷《こおり》が作《つく》れる製氷機《せいひょうき》です。作《つく》った氷《こおり》はおもに氷枕《こおりまくら》に入《い》れて使《つか》います。サイズが小《ちい》さいので、固形物《こけいぶつ》を食べられない患者《かんじゃ》さんが口《くち》にすることもあります。それも食《た》べられない患者《かんじゃ》さんのためには、小《ちい》さなかき氷器《ごおりき》も用意《ようい》しています。

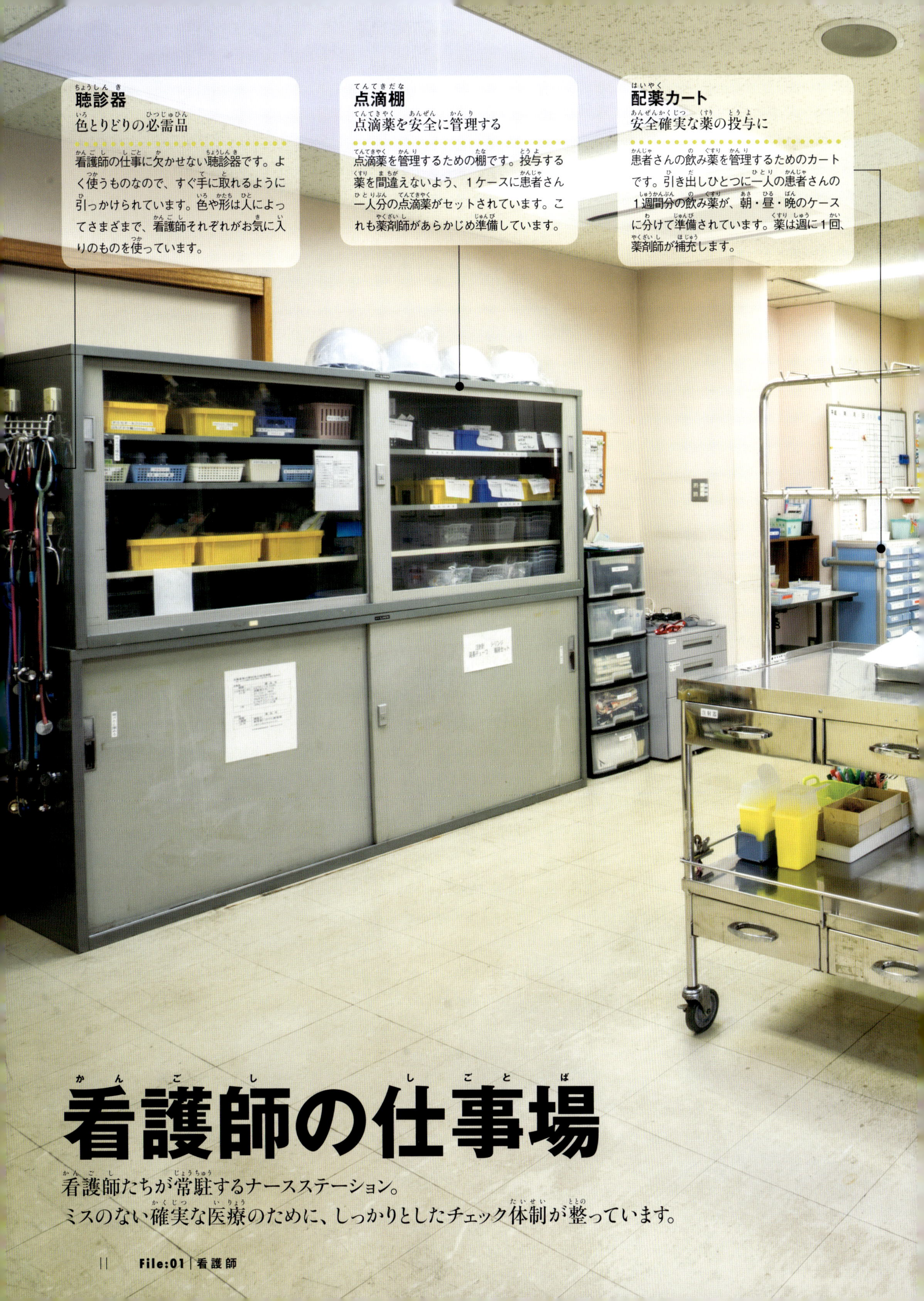

聴診器《ちょうしんき》

色《いろ》とりどりの必需品《ひつじゅひん》

看護師《かんごし》の仕事《しごと》に欠《か》かせない聴診器《ちょうしんき》です。よく使《つか》うものなので、すぐ手《て》に取《と》れるように引《ひ》っかけられています。色《いろ》や形《かたち》は人《ひと》によってさまざまで、看護師《かんごし》それぞれがお気《き》に入《い》りのものを使《つか》っています。

点滴棚《てんてきだな》

点滴薬《てんてきやく》を安全《あんぜん》に管理《かんり》する

点滴薬《てんてきやく》を管理《かんり》するための棚《たな》です。投与《とうよ》する薬《くすり》を間違《まちが》えないよう、1ケースに患者《かんじゃ》さん一人分《ひとりぶん》の点滴薬《てんてきやく》がセットされています。これも薬剤師《やくざいし》があらかじめ準備《じゅんび》しています。

配薬《はいやく》カート

安全確実《あんぜんかくじつ》な薬《くすり》の投与《とうよ》に

患者《かんじゃ》さんの飲《の》み薬《ぐすり》を管理《かんり》するためのカートです。引《ひ》き出《だ》しひとつに一人《ひとり》の患者《かんじゃ》さんの1週間分《しゅうかんぶん》の飲《の》み薬《ぐすり》が、朝《あさ》・昼《ひる》・晩《ばん》のケースに分《わ》けて準備《じゅんび》されています。薬《くすり》は週《しゅう》に1回《かい》、薬剤師《やくざいし》が補充《ほじゅう》します。

看護師《かんごし》の仕事場《しごとば》

看護師《かんごし》たちが常駐《じょうちゅう》するナースステーション。
ミスのない確実《かくじつ》な医療《いりょう》のために、しっかりとしたチェック体制《たいせい》が整《ととの》っています。

川崎《かわさき》さんこだわりの7つ道具《どうぐ》

機能的《きのうてき》な道具《どうぐ》の中《なか》にも、
さまざまな思《おも》いが詰《つ》まっています。

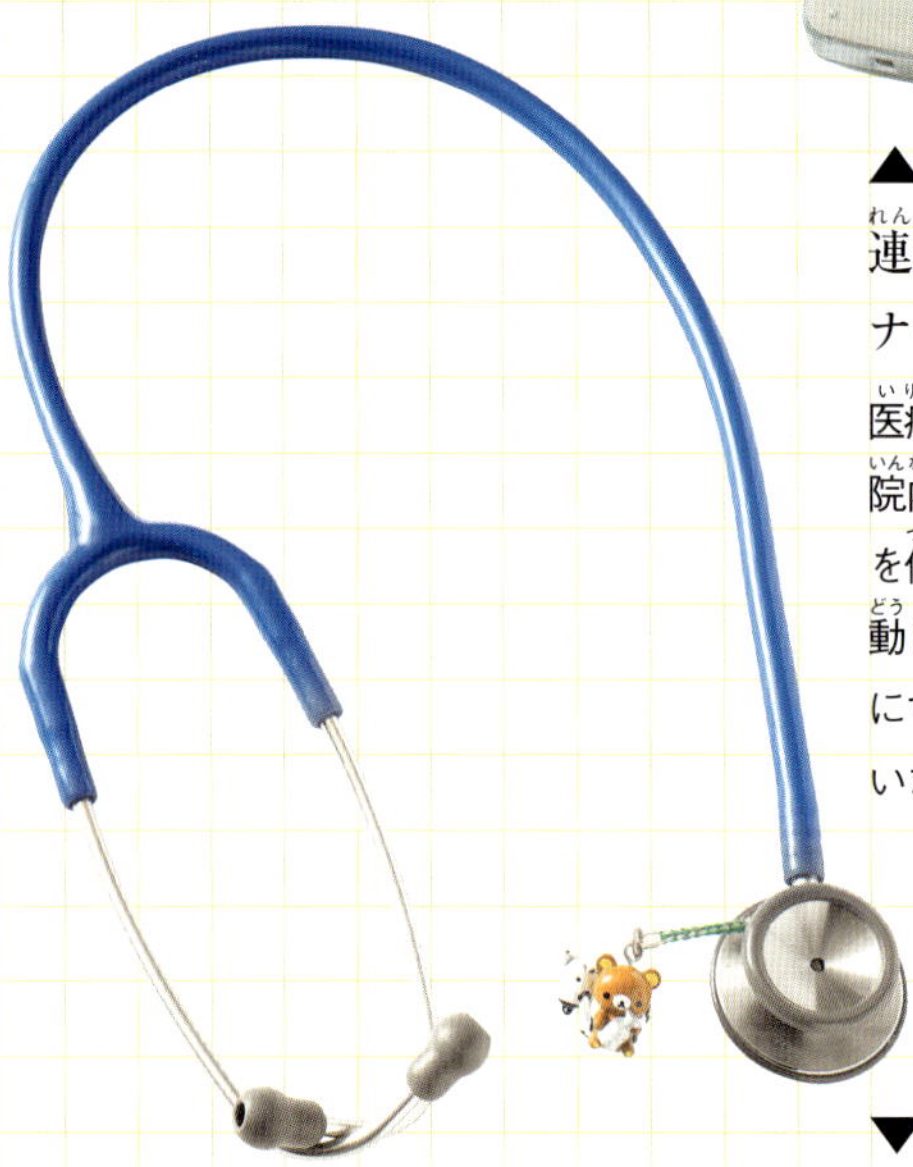

▼聴診器《ちょうしんき》

**血圧測定《けつあつそくてい》のために
欠《か》かせない道具《どうぐ》**

水銀血圧計《すいぎんけつあつけい》で血圧《けつあつ》を測《はか》るときには血管《けっかん》の音《おと》を確認《かくにん》する必要《ひつよう》があります。その音《おと》を確認《かくにん》するため、患者《かんじゃ》さんの腕《うで》に当《あ》てて使《つか》います。看護《かんご》師《し》はみんな自分用《じぶんよう》の聴診器《ちょうしんき》を持《も》っています。

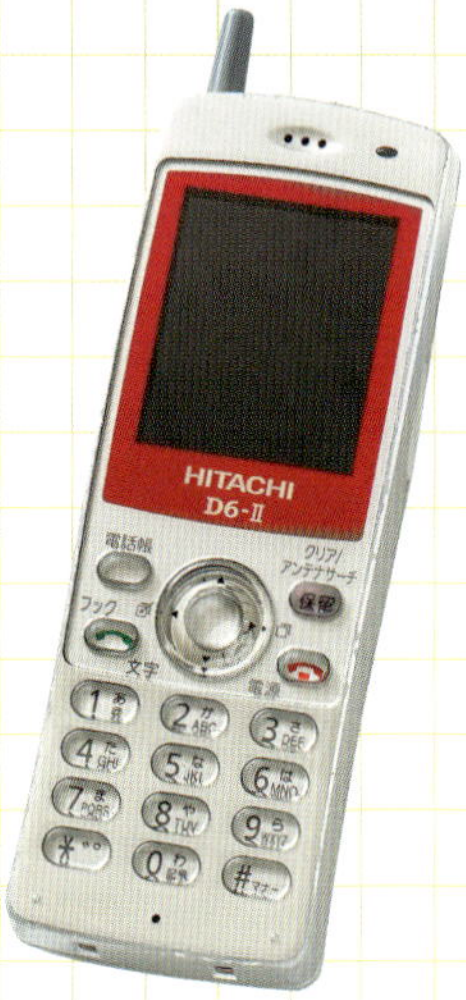

▲PHS

**連絡《れんらく》にも
ナースコールにも対応《たいおう》**

医療機器《いりょうきき》が誤作動《ごさどう》しないよう、病院内《びょういんない》の連絡《れんらく》には電波《でんぱ》の弱《よわ》いPHSを使《つか》います。ナースコールにも連《れん》動《どう》していて、患者《かんじゃ》さんの呼《よ》びかけにすぐに対応《たいおう》できるようになっています。

◀四《よ》つ葉《ば》のクローバー

患者《かんじゃ》さんからのプレゼント

四《よ》つ葉《ば》のクローバーを集《あつ》めるのが好《す》きだった患者《かんじゃ》さんから、最後《さいご》に貰《もら》ってほしいと渡《わた》された四《よ》つ葉《ば》のクローバーとキーホルダーです。その患者《かんじゃ》さんが亡《な》くなった今《いま》も、お守《まも》りとしていつもポケットに入《い》れています。

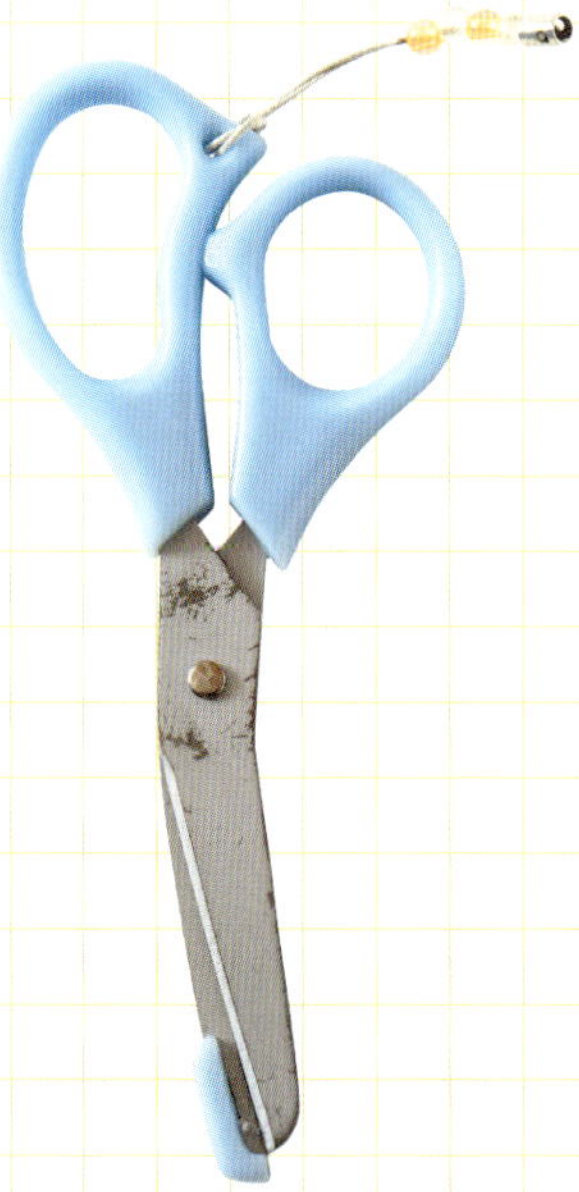

▲ナース用《よう》ハサミ

刃先《はさき》のガードが布《ぬの》を守《まも》る

医療用《いりょうよう》のテープや薬《くすり》の袋《ふくろ》を切《き》るときなど、さまざまな場面《ばめん》で使《つか》うハサミです。細《こま》かい作業《さぎょう》にも対応《たいおう》できるように少《すこ》し曲《ま》がっています。そのままポケットに入《い》れても服《ふく》を傷《いた》めないよう、刃先《はさき》にガードがついています。

▼ペンケース

**ポケットに入《い》れて
持《も》ち歩《ある》く思《おも》い出《で》の品《しな》**

ペンやハサミなどの道具《どうぐ》を入《い》れて持《も》ち歩《ある》いています。中《なか》でも三色《さんしょく》ボールペン、蛍光《けいこう》ペン、マジックペンの3種類《しゅるい》のペンはいつも持《も》ち歩《ある》き、カルテや点滴容器《てんてきようき》など用途《ようと》別《べつ》に使《つか》い分《わ》けています。看護師《かんごし》になった記念《きねん》に高校《こうこう》の先輩《せんぱい》に貰《もら》ったもので、ずっと愛用《あいよう》している大事《だいじ》な道具《どうぐ》です。

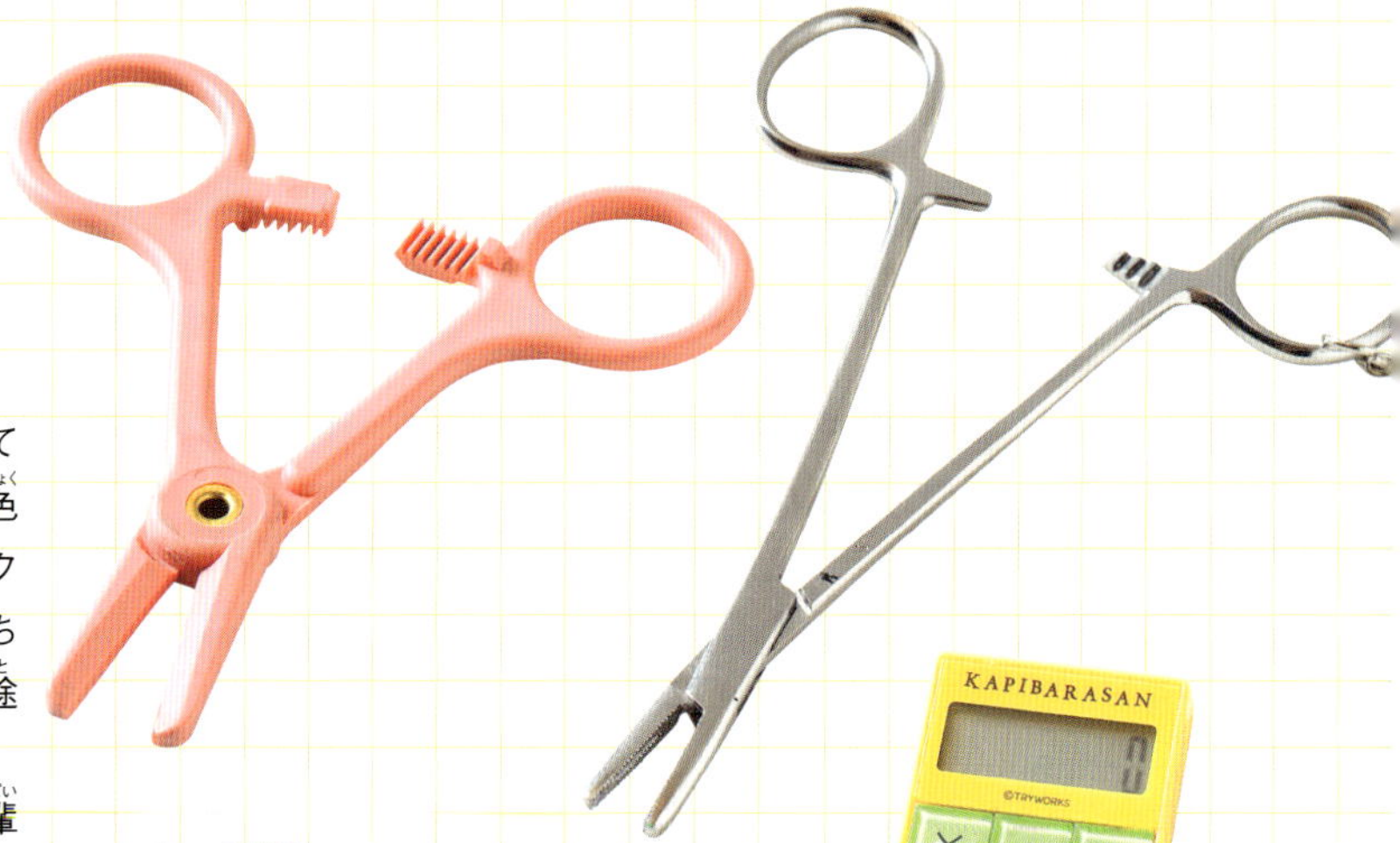

▲ペアン

時《とき》にはペンチの代《か》わりにも

点滴《てんてき》のチューブなど、様々《さまざま》なものをはさむために使《つか》います。先端《せんたん》の部分《ぶぶん》に凹凸《おうとつ》がついているため、物《もの》をしっかりと押《お》さえられます。固《かた》く留《と》まった金具《かなぐ》を動《うご》かすときなど、ペンチのように使《つか》うことも。

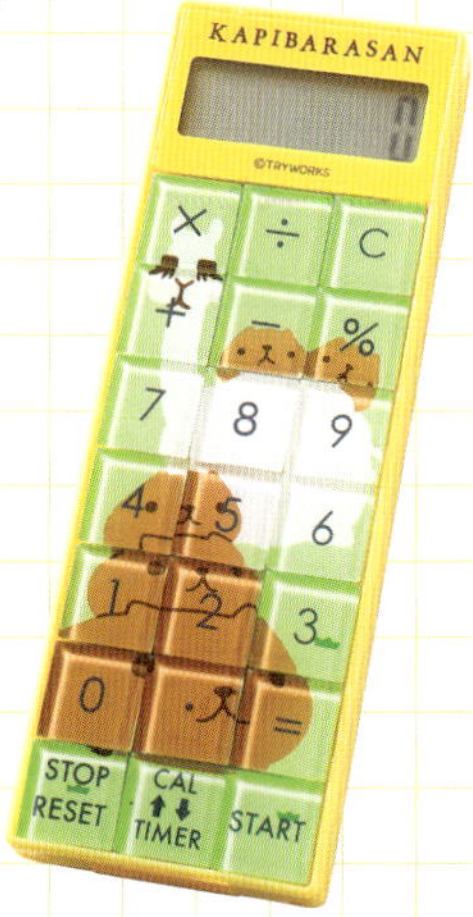

▲タイマー

どこでも正確《せいかく》に時間《じかん》を計《はか》る

点滴《てんてき》や患者《かんじゃ》さんの入浴《にゅうよく》など、しっかりとした時間管理《じかんかんり》が必要《ひつよう》な場合《ばあい》に使《つか》うタイマーです。裏面《うらめん》に磁石《じしゃく》がついていて、ベッドの金具《かなぐ》などいろいろなところに取《と》りつけられるようになっています。

看護師《かんごし》って どうしたらなれるの?

中学《ちゅうがく》 3年《ねん》 15歳《さい》

高校《こうこう》 3年《ねん》 18歳《さい》

高校看護科《こうこうかんごか》 2~3年《ねん》18歳《さい》

一貫教育校《いっかんきょういくこう》 5年《ねん》 20歳《さい》

准看護師《じゅんかんごし》 18歳《さい》

看護系大学《かんごけいだいがく》・短大《たんだい》・専門学校《せんもんがっこう》 最低《さいてい》3年《ねん》 21歳《さい》

看護師《かんごし》になるためには専門教育《せんもんきょういく》を受《う》ける必要《ひつよう》があります。
高校卒業後《こうこうそつぎょうご》に看護系《かんごけい》の学校《がっこう》に進学《しんがく》することが一般的《いっぱんてき》ですが、
中学卒業後《ちゅうがくそつぎょうご》に5年制《ねんせい》の一貫教育《いっかんきょういく》を受《う》けたり、准看護師《じゅんかんごし》*1の資格《しかく》を取《と》ったりする方法《ほうほう》もあります。

看護師試験《かんごししけん》 20代《だい》

看護師《かんごし》*2資格《しかく》を手《て》に入《い》れるには必《かなら》ず国家試験《こっかしけん》に合格《ごうかく》しなくてはいけません。
受験《じゅけん》には3年以上《ねんいじょう》の専門教育《せんもんきょういく》を受《う》けて学校《がっこう》を卒業《そつぎょう》する必要《ひつよう》があります。准看護師《じゅんかんごし》の資格《しかく》がある場合《ばあい》は教育期間《きょういくきかん》を短《みじか》くできます。

看護師《かんごし》

病院《びょういん》や介護施設《かいごしせつ》に就職《しゅうしょく》して看護師《かんごし》として働《はたら》きます。医療《いりょう》の現場《げんば》でさまざまな経験《けいけん》を積《つ》むと、認定看護師《にんていかんごし》*3の資格《しかく》を取《と》ることができます。
看護師《かんごし》の資格《しかく》を取《と》った後《あと》にさらに勉強《べんきょう》し、保健師《ほけんし》や助産師《じょさんし》などの資格《しかく》を取《と》る人《ひと》もいます。

*1 准看護師《じゅんかんごし》

都道府県《とどうふけん》が認《みと》める看護《かんご》を行《おこな》うことのできる資格《しかく》です。看護師試験《かんごししけん》を受《う》けるまでの教育《きょういく》期間《きかん》を2年間《ねんかん》に短縮《たんしゅく》できます。専門知識《せんもんちしき》を重視《じゅうし》して廃止《はいし》しようという動《うご》きもあり、勉強《べんきょう》できる場所《ばしょ》も限《かぎ》られています。

*2 看護師《かんごし》

看護師《かんごし》として働《はたら》くために持《も》っていなくてはいけない、国《くに》が認《みと》める資格《しかく》です。看護高校《かんごこうこう》で准看護師《じゅんかんごし》の資格《しかく》を取《と》った場合《ばあい》、最短《さいたん》で20歳《さい》から看護師《かんごし》として仕事《しごと》をすることができます。

*3 認定看護師《にんていかんごし》

救急医療《きゅうきゅういりょう》や緩和《かんわ》ケアなど専門分野《せんもんぶんや》で高《たか》い能力《のうりょく》があると認《みと》める日本看護協会《にほんかんごきょうかい》の制度《せいど》です。看護師《かんごし》として5年《ねん》、特定分野《とくていぶんや》で3年以上《ねんいじょう》の経験《けいけん》を持《も》ち、専門教育《せんもんきょういく》を受《う》けて審査《しんさ》に合格《ごうかく》すると、認定《にんてい》を受《う》けることができます。

平均給与月額《へいきんきゅうよげつがく》

40万《まん》0,000円《えん》

推定平均年収《すいていへいきんねんしゅう》

480万円《まんえん》

お給料《きゅうりょう》っていくら?

看護師《かんごし》の資格《しかく》を持《も》っていればどこの病院《びょういん》でも働《はたら》けるのが特徴《とくちょう》です。看護《かんご》の経験《けいけん》を積《つ》んでリーダーや師長《しちょう》になったり、認定《にんてい》看護師《かんごし》などの専門分野《せんもんぶんや》の資格《しかく》を取《と》ったりすると、お給料《きゅうりょう》も上《あ》がっていきます。

＊平成《へいせい》25年厚生労働省《ねんこうせいろうどうしょう》「賃金構造基本統計調査《ちんぎんこうぞうきほんとうけいちょうさ》」より。ただし、勤務先《きんむさき》、経験年数《けいけんねんすう》、雇用形態《こようけいたい》などにより大《おお》きく異《こと》なります。

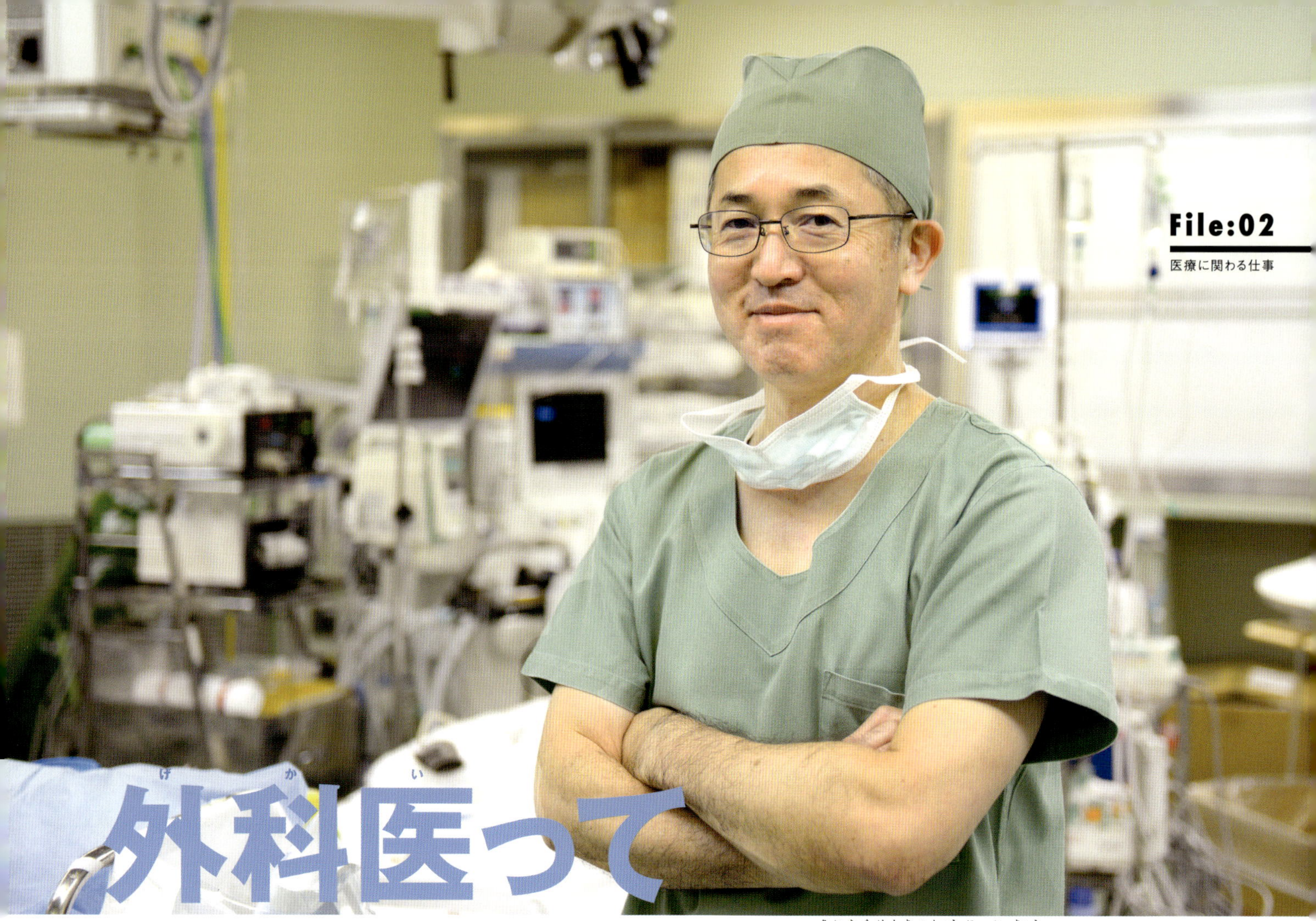

File:02

医療に関わる仕事

外科医《げかい》ってどんな仕事《しごと》？

埼玉県立小児医療《さいたまけんりつしょうにいりょう》センター
心臓血管外科《しんぞうけっかんげか》
野村耕司《のむらこうじ》さん

生《い》きていくために必要《ひつよう》な心臓《しんぞう》

心臓《しんぞう》は全身《ぜんしん》に血液《けつえき》を送《おく》るポンプの役目《やくめ》をしていて、生命《せいめい》に欠《か》かせない大事《だいじ》な臓器《ぞうき》です。ところが、生《う》まれつきの障《しょう》がいや病気《びょうき》で心臓《しんぞう》の形《かたち》などに異《い》常《じょう》があると、うまく血液《けつえき》が流《なが》れなかったりして十分《じゅうぶん》に働《はたら》かない場合《ばあい》があります。こうした患者《かんじゃ》さんが健康《けんこう》な生活《せいかつ》を送《おく》れるよう、手術《しゅじゅつ》で治療《ちりょう》をするのが小児《しょうに》心臓《しんぞう》外科《げか》医《い》の仕事《しごと》です。

ミスの許《ゆる》されない慎重《しんちょう》な仕事《しごと》

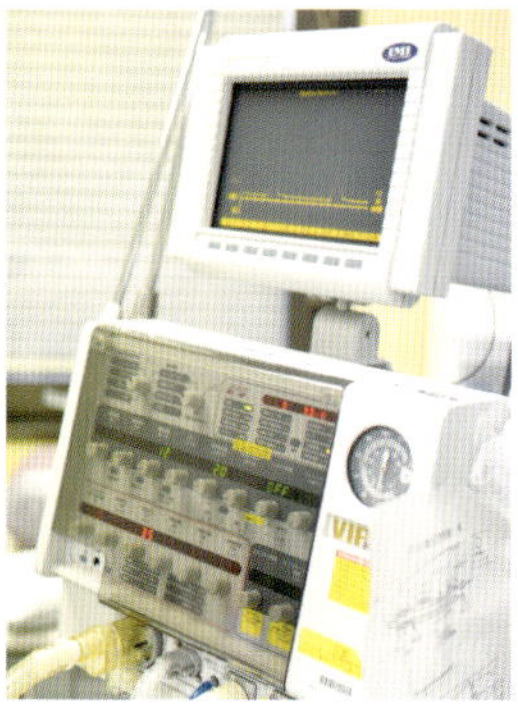

生《う》まれたばかりの健康《けんこう》な赤《あか》ちゃんの心臓《しんぞう》はほんの20グラムほどの重《おも》さで、大《おお》きさはクルミの実《み》くらいです。病気《びょうき》の子《こ》どもは発育《はついく》がよくないことも多《おお》く、その小《ちい》さな心臓《しんぞう》を手《しゅ》術《じゅつ》するのですから、確《たし》かな医《い》療《りょう》技術《ぎじゅつ》が必要《ひつよう》です。手術《しゅじゅつ》が長《ちょう》時間《じかん》になることもあり、体力《たいりょく》や集中力《しゅうちゅうりょく》も必要《ひつよう》な仕事《しごと》ですが、野村《のむら》さんは患者《かんじゃ》さんの命《いのち》がかかっていると思《おも》えば力《ちから》が湧《わ》いてくるといいます。

約《やく》700万人《まんにん》が住《す》む埼玉県《さいたまけん》で、新生児《しんせいじ》の心臓《しんぞう》外科《げか》手術《しゅじゅつ》設《せつ》備《び》が整《ととの》っているのは2施設《しせつ》だけ。生《う》まれてすぐの赤《あか》ん坊《ぼう》から学校《がっこう》に通《かよ》う年齢《ねんれい》の子《こ》どもまで、年間《ねんかん》に約《やく》120~130回《かい》もの心臓《しんぞう》手術《しゅじゅつ》をして、小《ちい》さな命《いのち》を救《すく》っています。

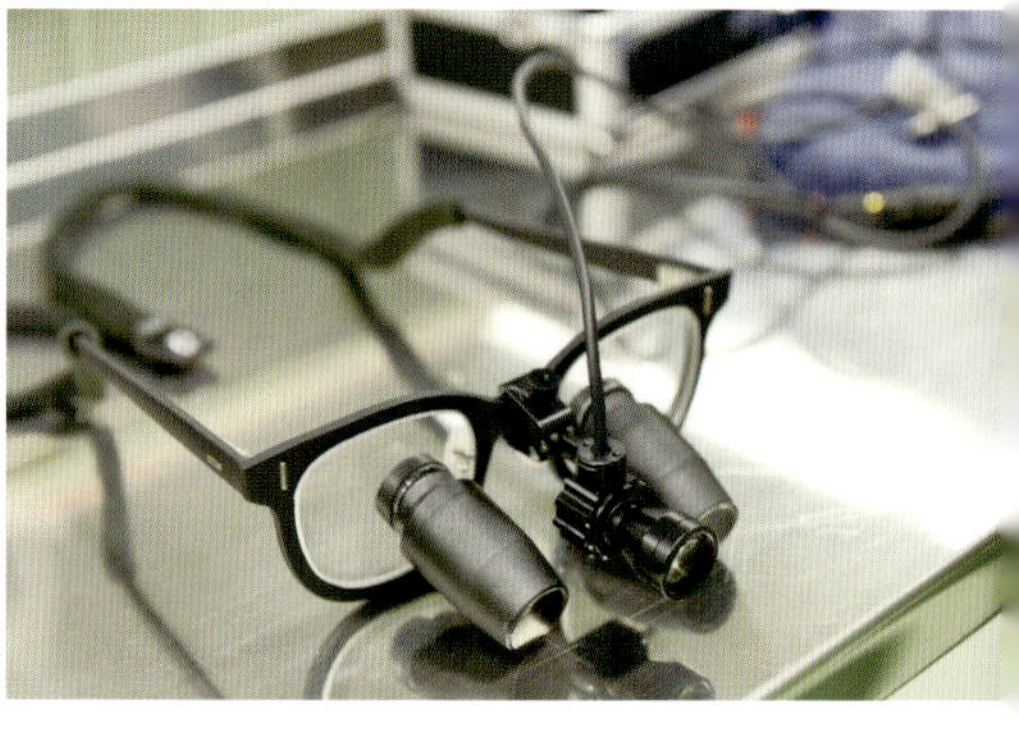

野村《のむら》さんの一日《いちにち》

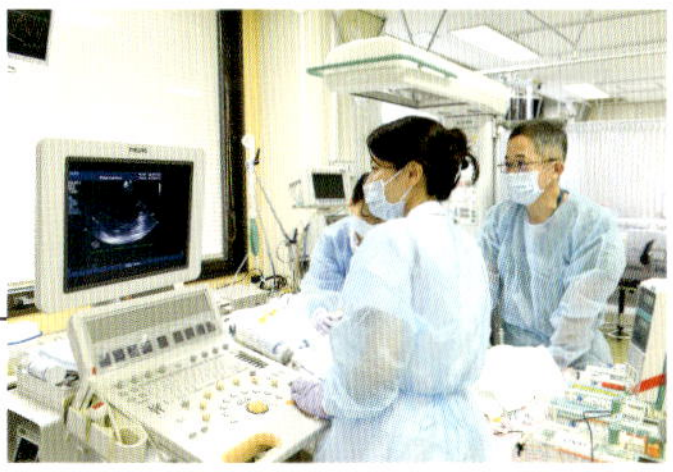

07:30　出勤《しゅっきん》、入院患者《にゅういんかんじゃ》のコンディション確認《かくにん》

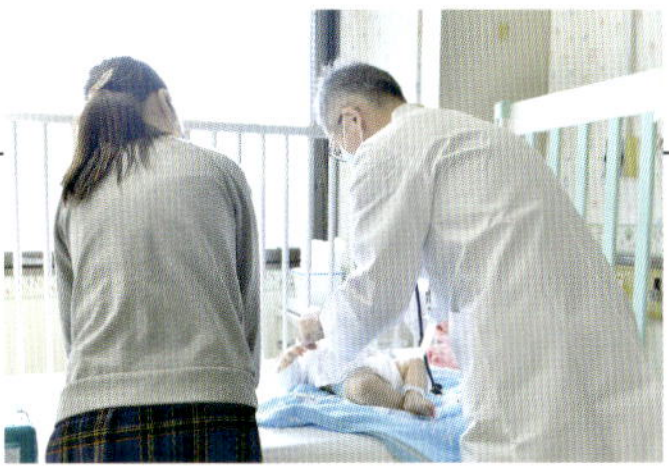

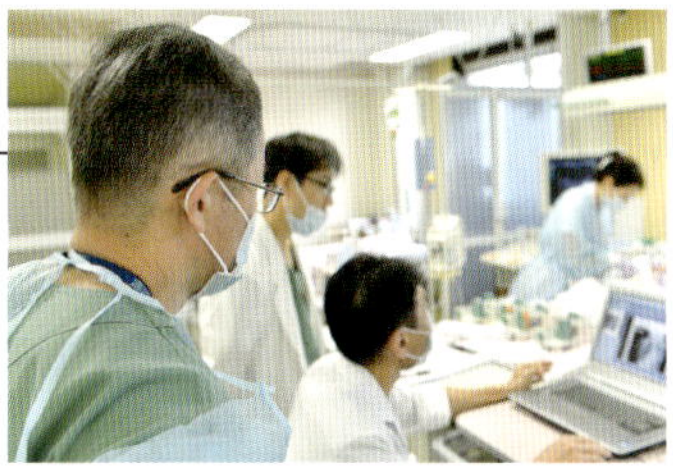

08:00　回診《かいしん》、手術《しゅじゅつ》の説明《せつめい》

08:30　手術準備《しゅじゅつじゅんび》、朝食《ちょうしょく》、雑務《ざつむ》

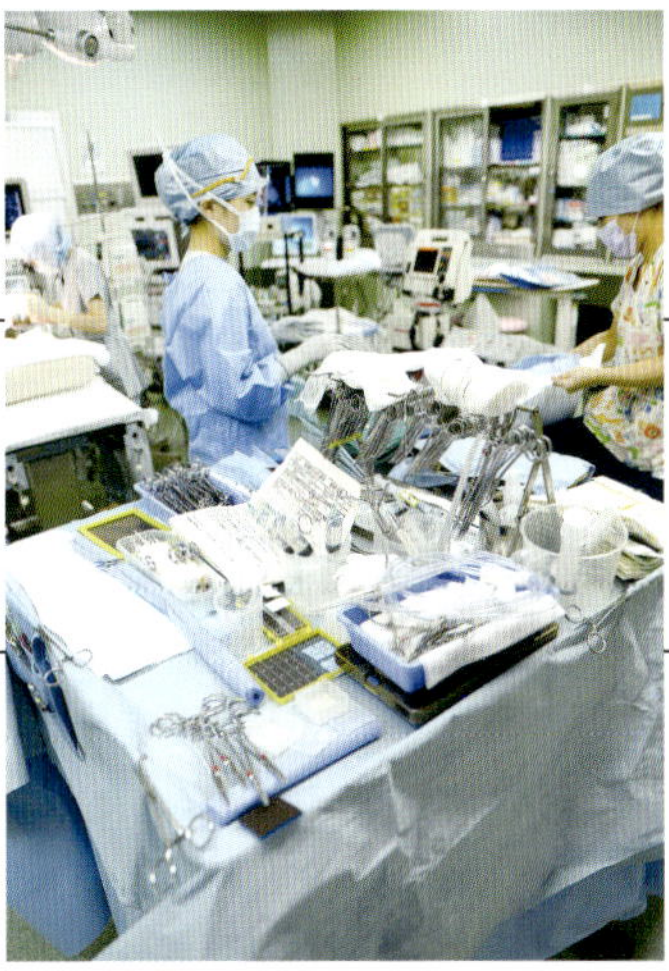

09:00　手術室入《しゅじゅつしつい》り、手術《しゅじゅつ》の準備《じゅんび》

10:00　手術開始《しゅじゅつかいし》

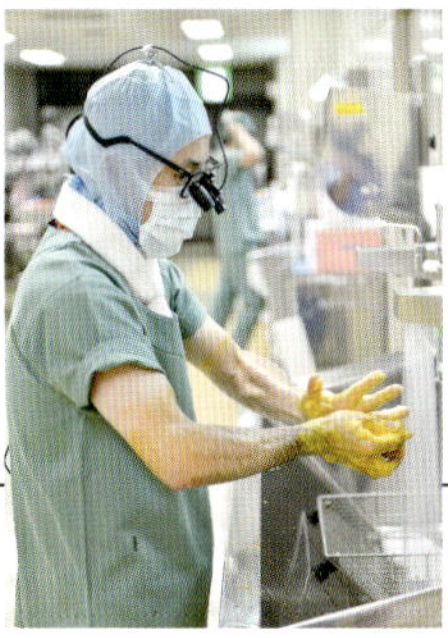

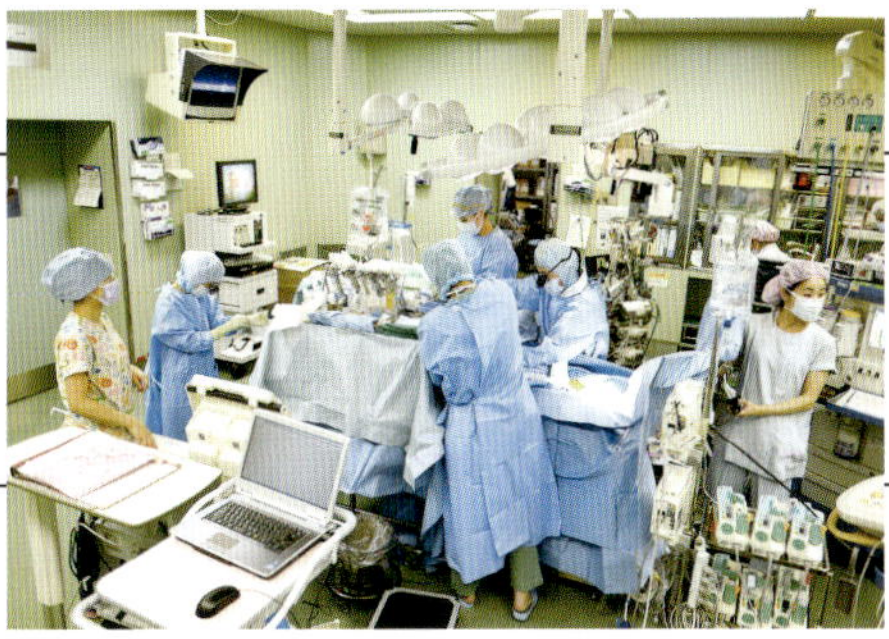

14:00　手術終了《しゅじゅつしゅうりょう》、
ご両親《りょうしん》に報告《ほうこく》

14:30　術後処置《じゅつごしょち》

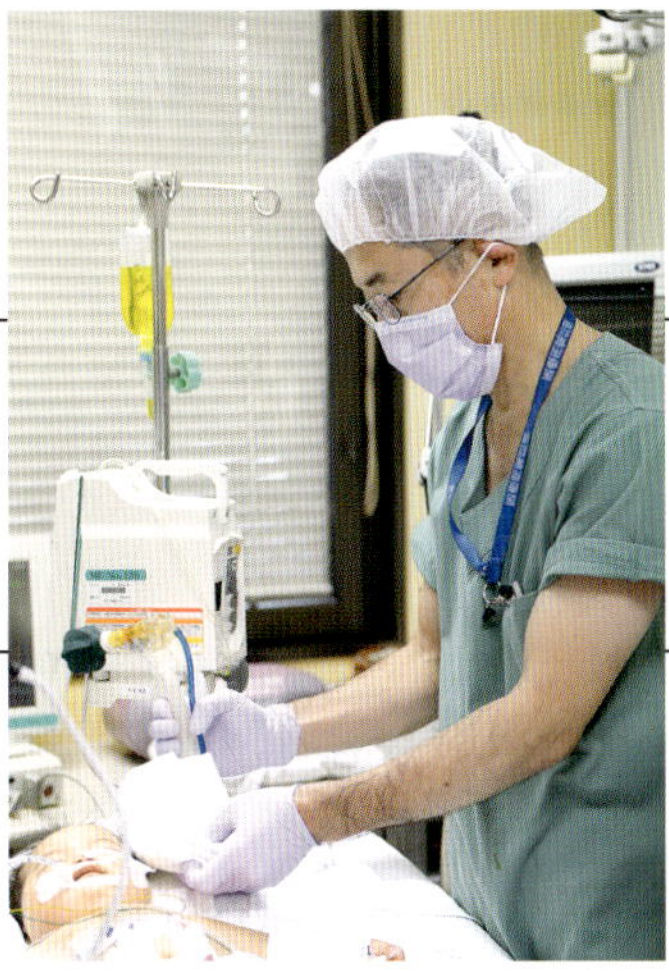

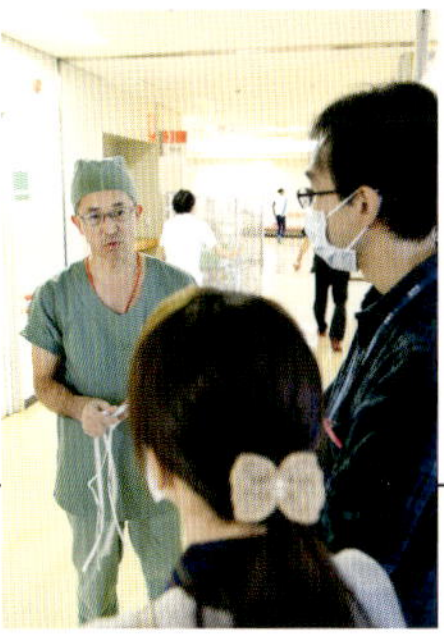

15:00　患者《かんじゃ》とご両親《りょうしん》の面会《めんかい》

15:30　手術記録作成《しゅじゅつきろくさくせい》、
循環器医師《じゅんかんきいし》と話《はな》し合《あ》い

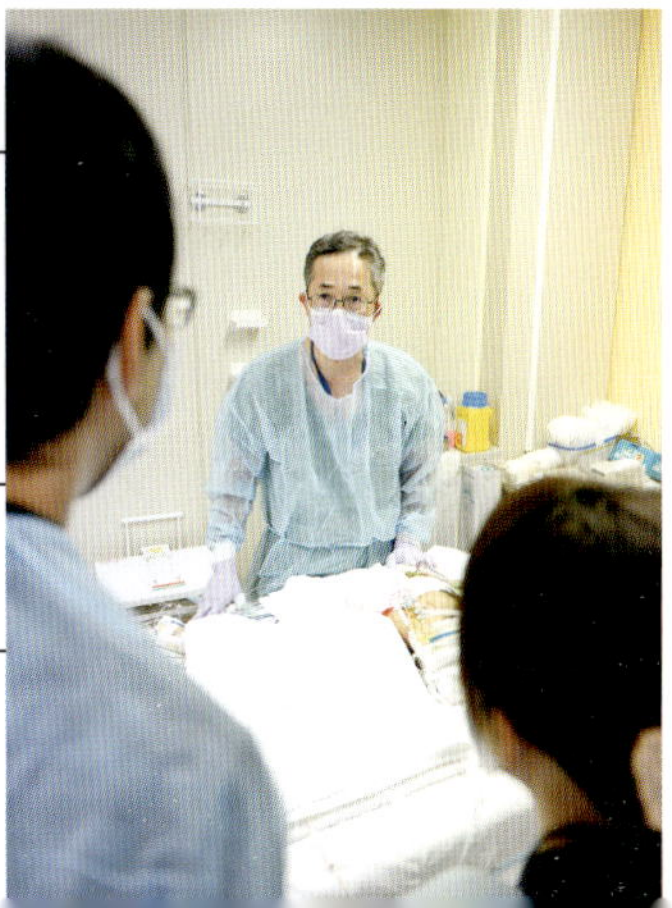

20:00　帰宅《きたく》、宿直《しゅくちょく》

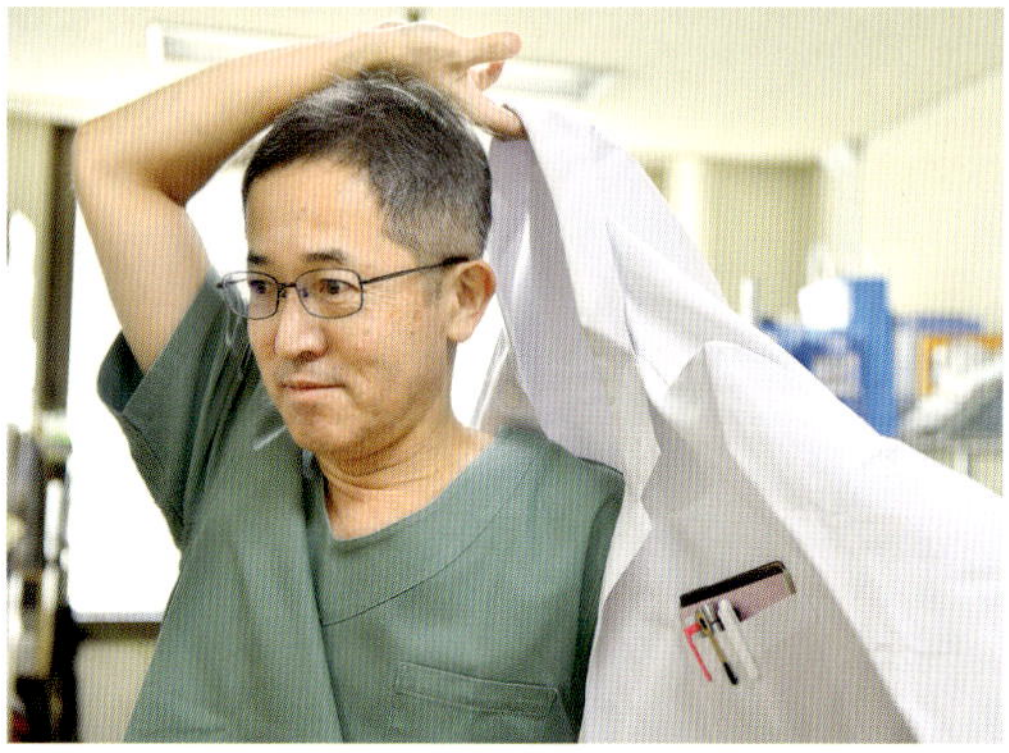

外科医《げかい》の仕事《しごと》

07:30 出勤《しゅっきん》、入院患者《にゅういんかんじゃ》のコンディション確認《かくにん》

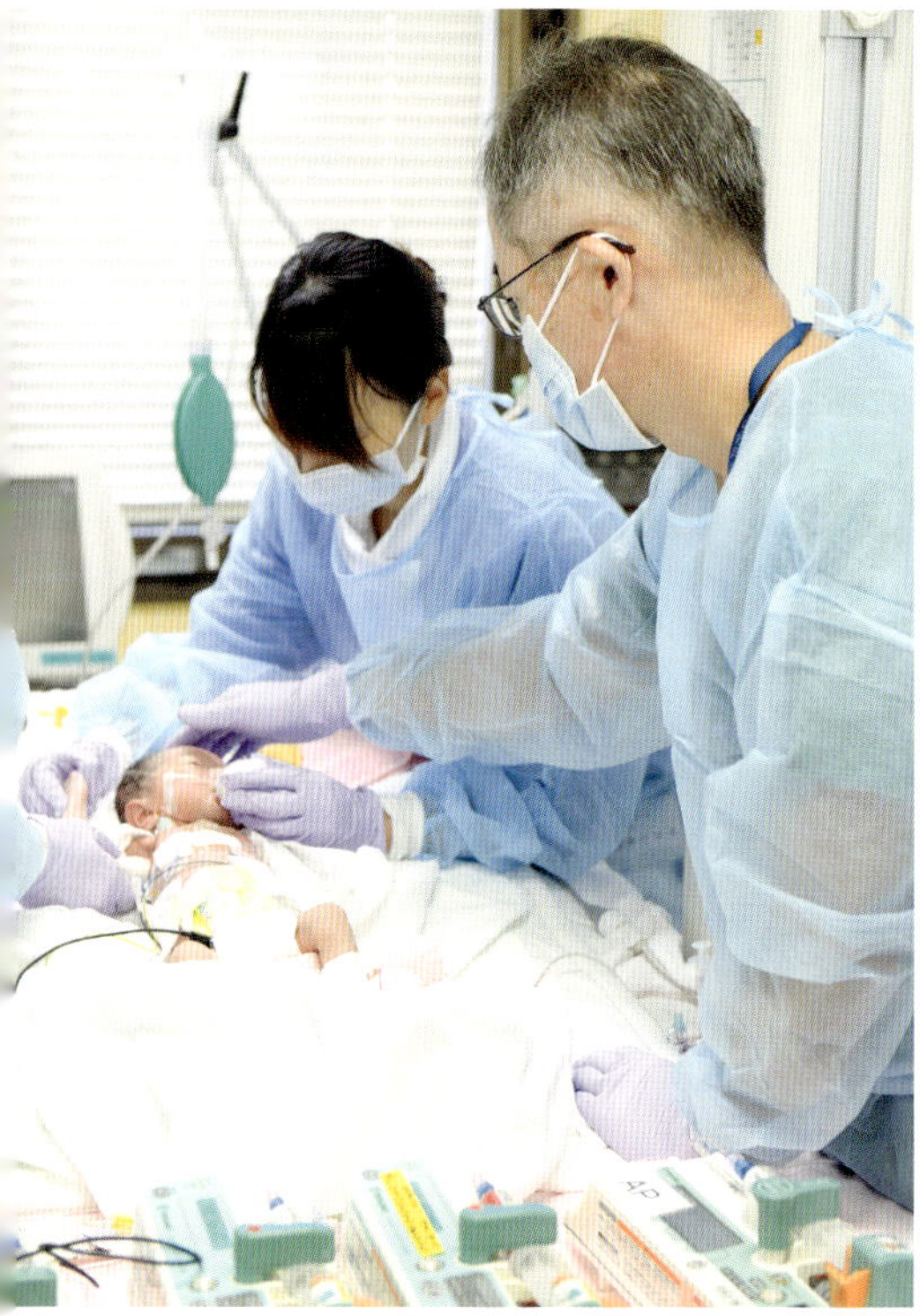

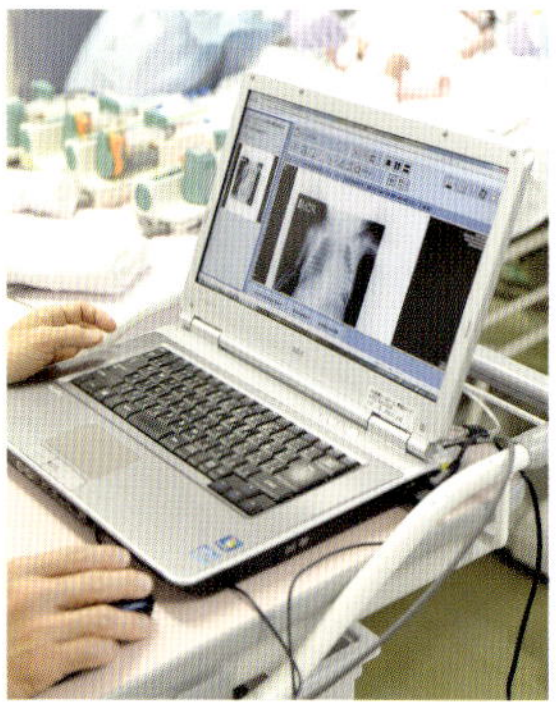

出勤《しゅっきん》するとすぐ手術着《しゅじゅつぎ》に着《き》替《が》え、その上《うえ》に白衣《はくい》を着《き》ます。まず向《む》かう先《さき》はＩＣＵ（冠疾《かんしっ》患集中治療室《かんしゅうちゅうちりょうしつ》）。手術後《しゅじゅつご》などで特《とく》に重《おも》い症状《しょうじょう》を持《も》つ患者《かんじゃ》さんを24時間体制《じかんたいせい》で観察《かんさつ》し、適切《てきせつ》な処置《しょち》ができる施設《しせつ》です。病《びょう》院《いん》のスタッフから入院患者《にゅういんかんじゃ》さんの様子《ようす》を確認《かくにん》し、どのような処置《しょち》をするか診断《しんだん》します。

08:00 回診《かいしん》、手術《しゅじゅつ》の説明《せつめい》

続《つづ》いて病棟《びょうとう》に向《む》かって朝《あさ》の回診《かいしん》です。病室《びょうしつ》で看護師《かんごし》たちスタッフと協力《きょうりょく》して患者《かんじゃ》さんの状態《じょうたい》を見《み》て、聴診器《ちょうしんき》も当《あ》てて異常《いじょう》がないかしっかりと確《かく》認《にん》します。手術《しゅじゅつ》を控《ひか》えた患者《かんじゃ》さんがいる場合《ばあい》、ご両親《りょうしん》に手《しゅ》術内容《じゅつないよう》の説明《せつめい》もします。

この日《ひ》は退院《たいいん》を控《ひか》えた子《こ》どもが朝《あさ》ご飯《はん》を食《た》べていて、しっかり食《た》べるようにと話《はな》していました。

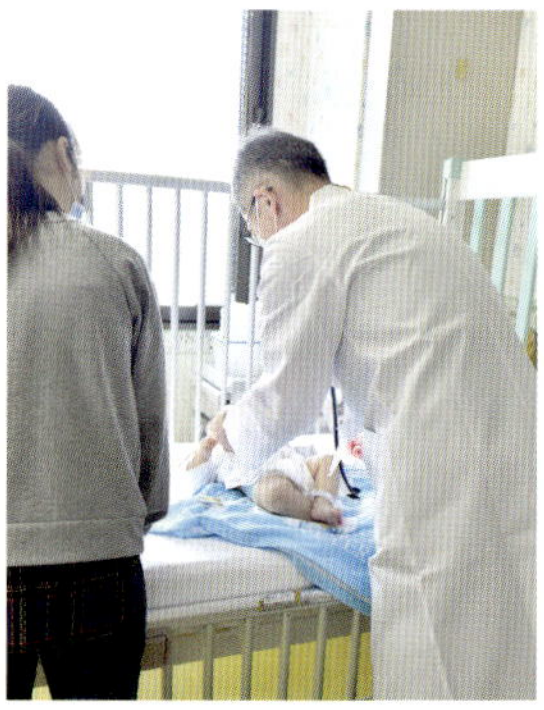

08:30 手術準備《しゅじゅつじゅんび》、朝食《ちょうしょく》、雑務《ざつむ》

ひと通《とお》りの回診《かいしん》を終《お》えると自分《じぶん》の部屋《へや》に戻《もど》り、朝食《ちょうしょく》を取《と》りながらメールの確認《かくにん》などの仕事《しごと》をした後《あと》、その日《ひ》の手術《しゅじゅつ》方法《ほうほう》を確認《かくにん》します。パソコンで患者《かんじゃ》さんのカルテや患部《かんぶ》の動画《どうが》を見《み》て、手術内容《しゅじゅつないよう》を予習《よしゅう》するのです。

患者《かんじゃ》さんが小《ちい》さくて血管《けっかん》がとても細《ほそ》いなどの理由《りゆう》で手術《しゅじゅつ》が難《むずか》しい場合《ばあい》には、練習器《れんしゅうき》を使《つか》って細《こま》かい血管《けっかん》を縫《ぬ》うウォーミングアップをすることもあります。

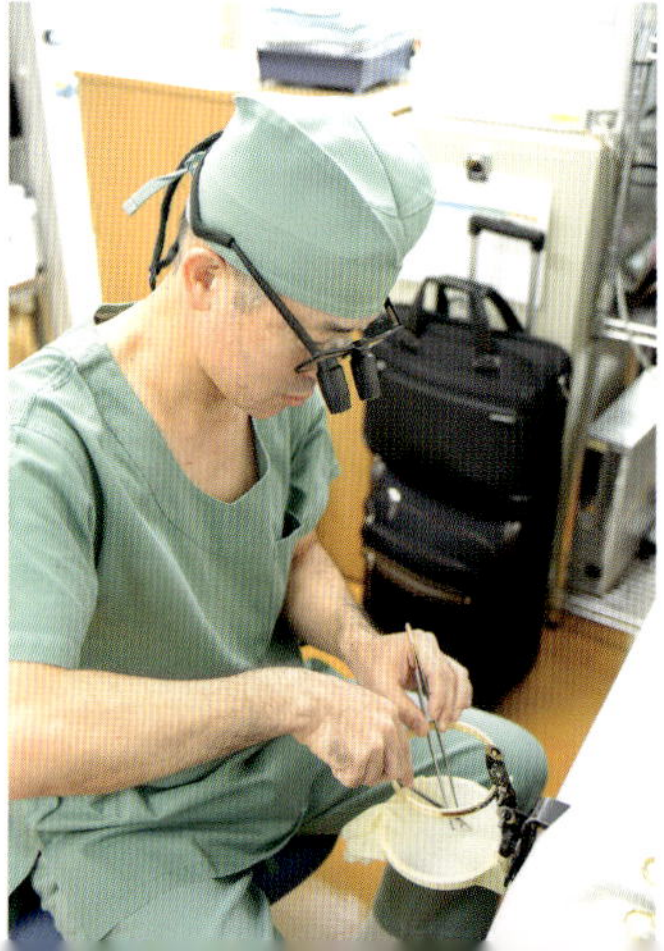

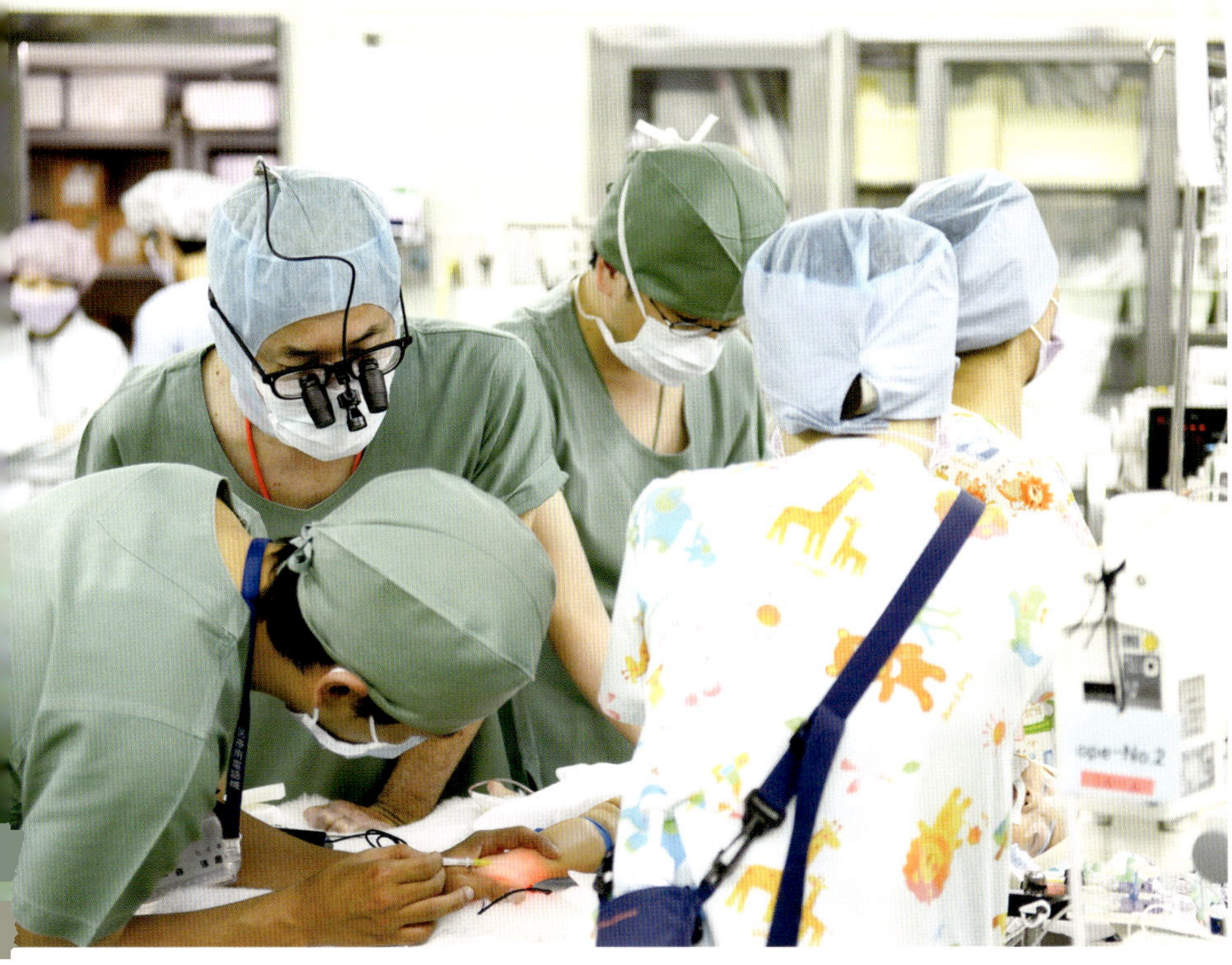

09:00 手術室《しゅじゅつしつ》入《い》り、手術《しゅじゅつ》の準備《じゅんび》

手術《しゅじゅつ》の1時間《じかん》ほど前《まえ》になると手術室《しゅじゅつしつ》に入《はい》り、手術《しゅじゅつ》に使《つか》う拡大鏡《かくだいきょう》などの道具《どうぐ》をチェックします。

手術室《しゅじゅつしつ》では麻酔《ますい》を担当《たんとう》する麻酔医《ますいい》、人工心肺《じんこうしんぱい》を管理《かんり》する臨床工学技士《りんしょうこうがくぎし》もすでに準備《じゅんび》を始《はじ》めています。外科医《げかい》とそれぞれの部門《ぶもん》の専門家《せんもんか》たちがチームを作《つく》り協力《きょうりょく》して、一人《ひとり》の患者《かんじゃ》さんの命《いのち》を助《たす》けるために手術《しゅじゅつ》をするのです。

また、手術室《しゅじゅつしつ》は患者《かんじゃ》さんの傷口《きずぐち》にばい菌《きん》などが絶対《ぜったい》に入《はい》らないように厳《きび》しく衛生管理《えいせいかんり》されています。執刀医《しっとうい》の野村《のむら》先生《せんせい》も髪《かみ》が出《で》ないようしっかり帽子《ぼうし》をかぶり、4～5分《ふん》かけて薬品《やくひん》で手《て》を洗《あら》い消毒《しょうどく》します。さらに術衣《じゅつい》の上《うえ》に手術用《しゅじゅつよう》のガウンと手袋《てぶくろ》をつけ、何重《なんじゅう》にも衛生《えいせい》に気《き》を配《くば》ります。

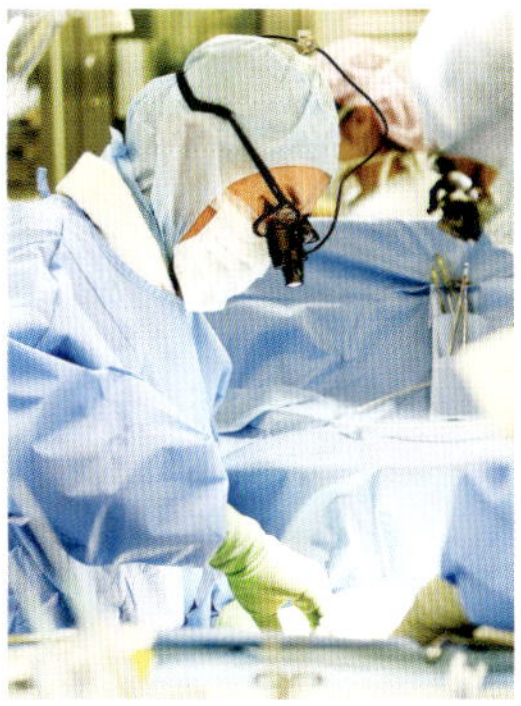

10:00 手術開始《しゅじゅつかいし》

厳重《げんじゅう》に消毒《しょうどく》された手術道具《しゅじゅつどうぐ》が運《はこ》び込《こ》まれ、患者《かんじゃ》さんが入《はい》って手術《しゅじゅつ》の開始《かいし》が近《ちか》づくと、手術室《しゅじゅつしつ》には張《は》りつめた空気《くうき》が流《なが》れます。

患者《かんじゃ》さんが痛《いた》みを感《かん》じないように麻酔《ますい》をかけ、患者《かんじゃ》さんの胸《むね》を切開《せっかい》し、直接心臓《ちょくせつしんぞう》に処置《しょち》をほどこしていきます。心臓《しんぞう》と肺《はい》の血《ち》の流《なが》れを止《と》めるために人工心肺装置《じんこうしんぱいそうち》をつなげると、いよいよ手術《しゅじゅつ》の本番《ほんばん》です。この日《ひ》の手術予定《しゅじゅつよてい》は4時間《じかん》。小《ち》さな子《こ》どもの体力《たいりょく》を考《かんが》え、手術時間《しゅじゅつじかん》を短縮《たんしゅく》するように、常《つね》に心《こころ》がけています。

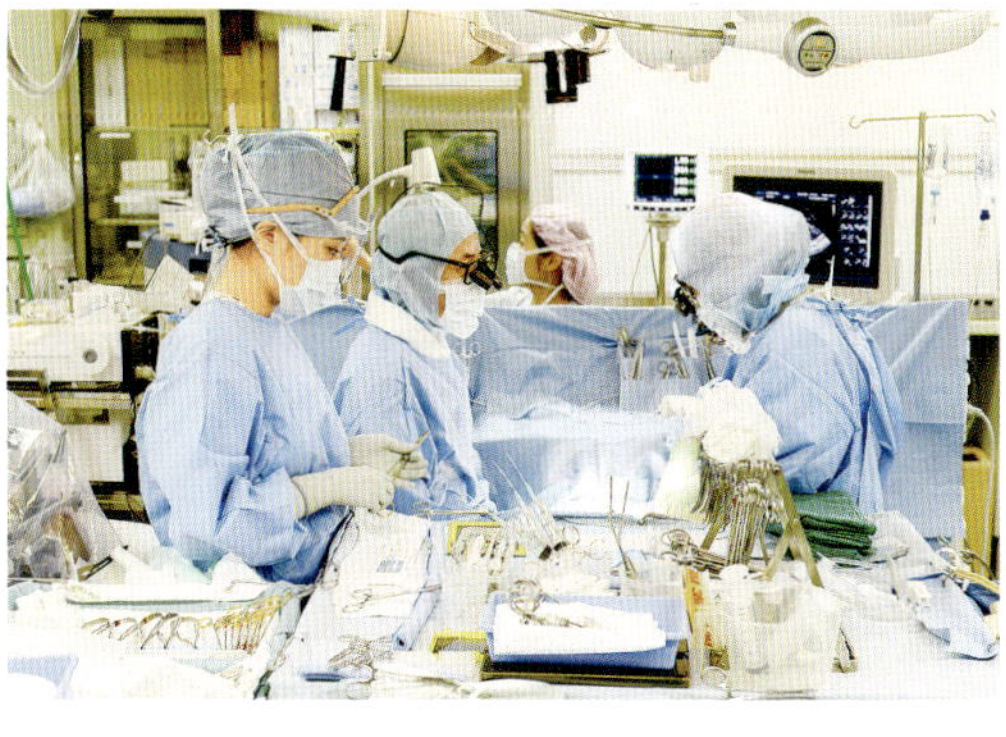

普段《ふだん》は3人《にん》の小児心臓外科《しょうにしんぞうげか》医《い》が手術《しゅじゅつ》を担当《たんとう》しています。患者《かんじゃ》さんの右側《みぎがわ》に立《た》つのはメイン執刀医《しっとうい》の野村先生《のむらせんせい》。向《む》かいが第一助手《だいいちじょしゅ》で、さらに患者《かんじゃ》さんの足元《あしもと》にいるのが第二助《だいにじょ》手《しゅ》です。

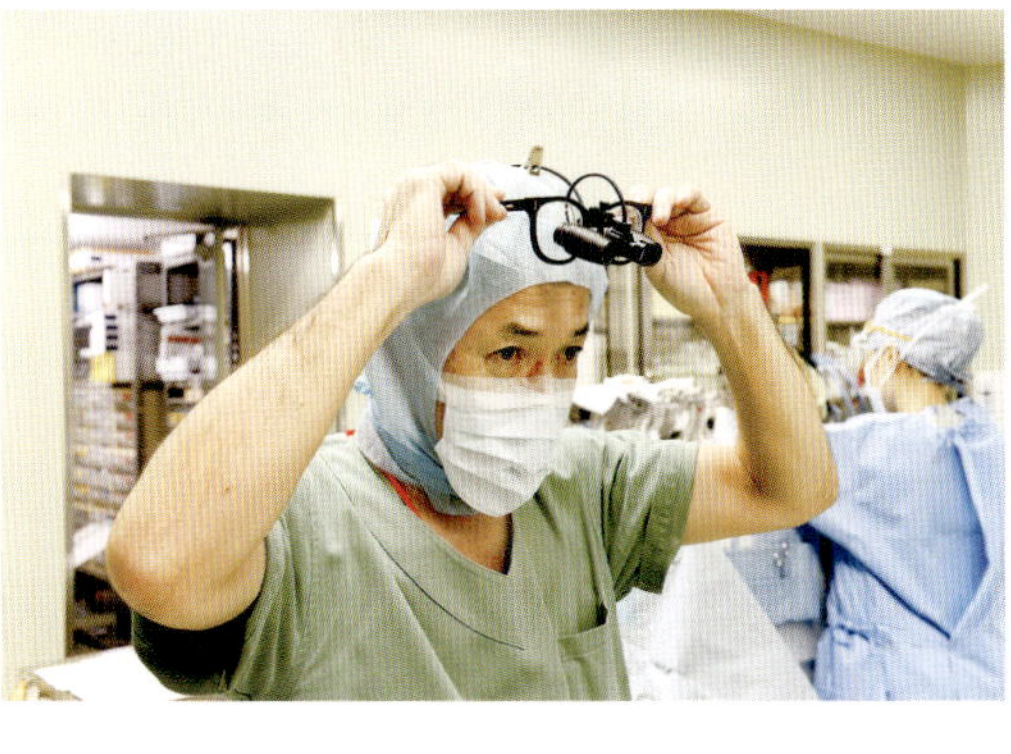

14:00 手術終了《しゅじゅつしゅうりょう》、ご両親《りょうしん》に報告《ほうこく》

手術《しゅじゅつ》は予定通《よていどお》り4時間《じかん》で無《ぶ》事《じ》に終《お》わりました。呼吸《こきゅう》を補《ほ》助《じょ》する人工呼吸器《じんこうこきゅうき》は、まだつけていますが、患者《かんじゃ》さんの心《しん》臓《ぞう》は自分《じぶん》の力《ちから》で動《うご》き始《はじ》めています。

看護師《かんごし》さんたちに手術後《しゅじゅつご》の処置《しょち》を指示《しじ》した後《あと》、患者《かんじゃ》さんのご両親《りょうしん》が待《ま》っているところへ向《む》かい、手術《しゅじゅつ》の成功《せいこう》を報告《ほうこく》します。

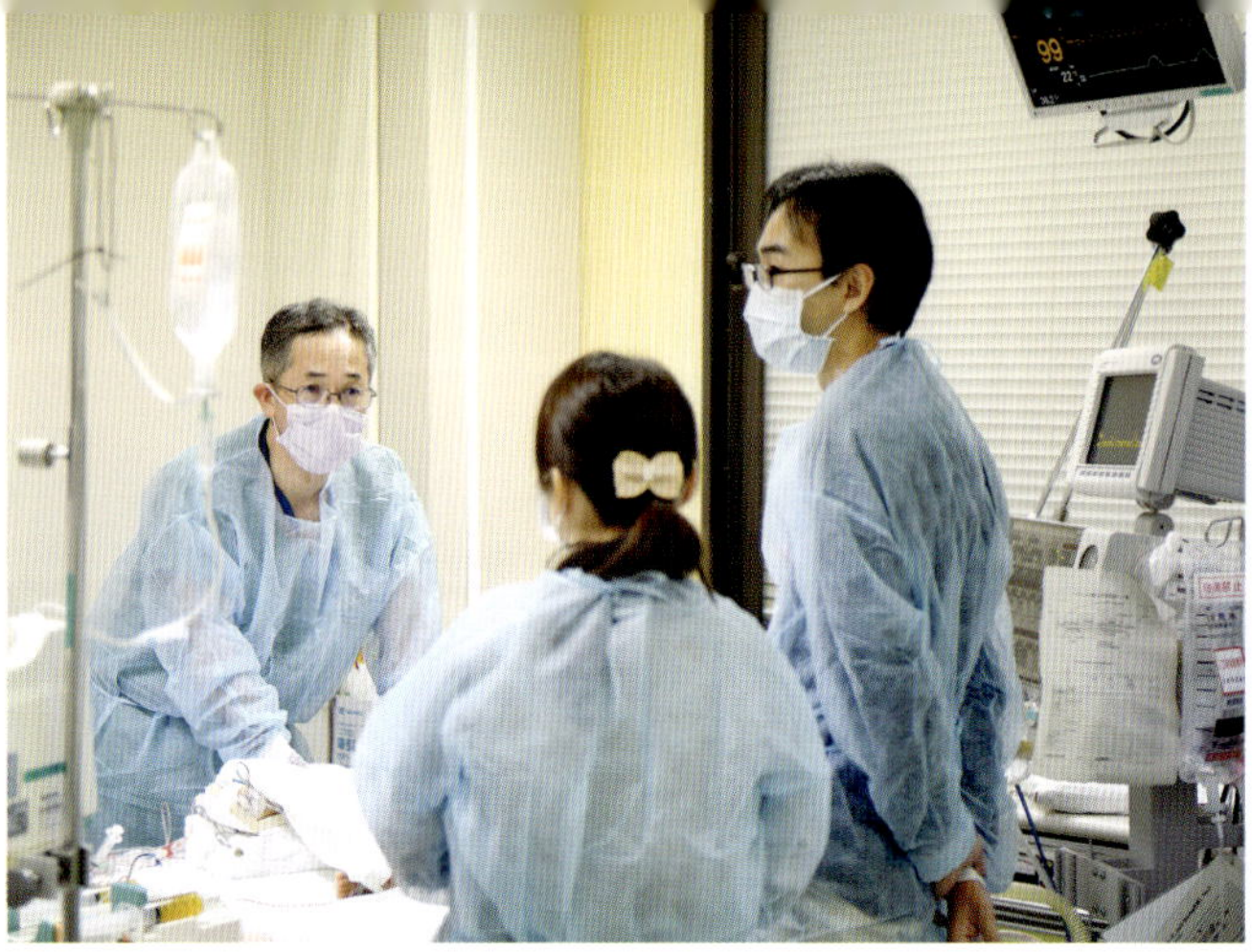

14:30 術後《じゅつご》処置《しょち》

手術《しゅじゅつ》を終《お》えた患者《かんじゃ》さんは状態《じょうたい》が安定《あんてい》するまでの数日間《すうじつかん》、ICUで状態《じょうたい》をチェックします。野村先生《のむらせんせい》も患者《かんじゃ》さんにつきそってICUに移動《いどう》し、その途中《とちゅう》で患者《かんじゃ》さんは手術後《しゅじゅつご》ご両親《りょうしん》と初《はじ》めて対面《たいめん》します。ICUではモニターで血圧《けつあつ》や体《たい》温《おん》などをチェックしながら、薬品《やくひん》の種類《しゅるい》や分量《ぶんりょう》の指示《しじ》を出《だ》します。

術後《じゅつご》の処置《しょち》が終《お》わったら、ICUの中《なか》でご両親《りょうしん》と2度目《どめ》の対面《たいめん》です。手術《しゅじゅつ》の経過《けいか》と今《こん》後《ご》の見通《みとお》しなどよりくわしく説明《せつめい》します。

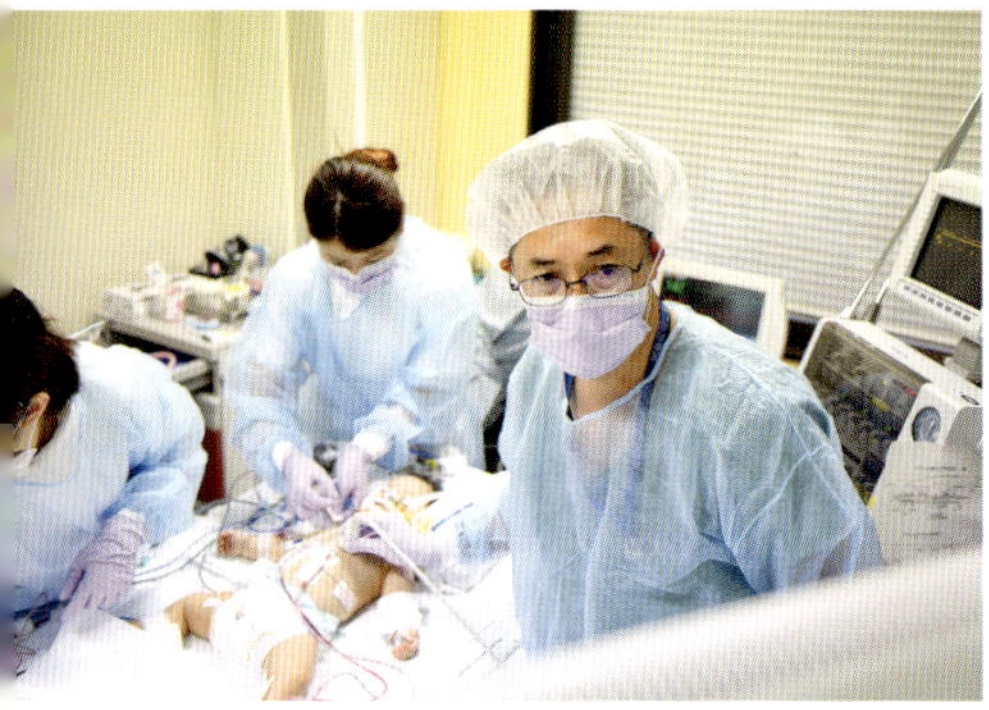

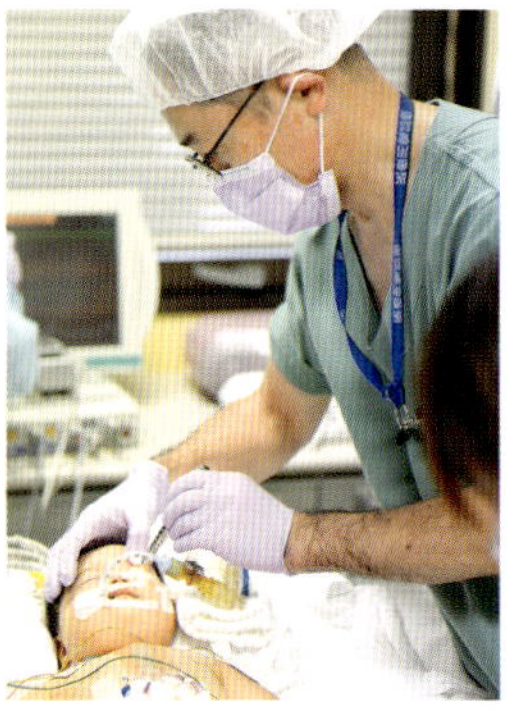

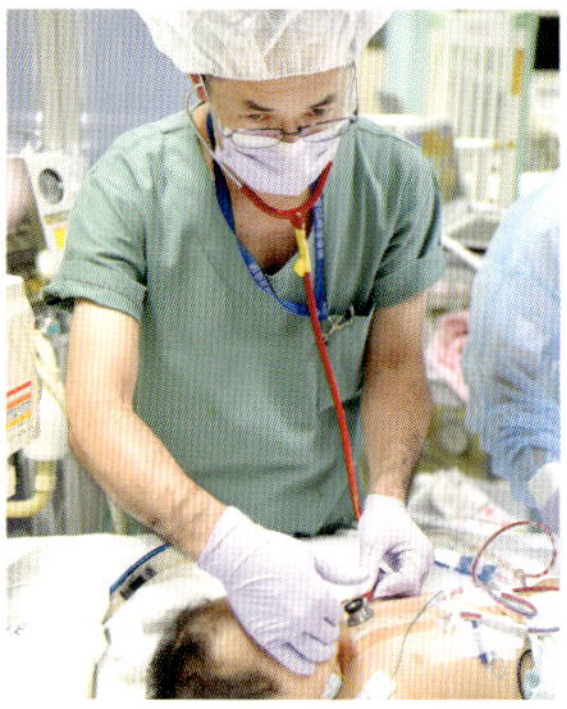

15:30 手術記録作成《しゅじゅつきろくさくせい》、循環器医師《じゅんかんきいし》と話《はな》し合《あ》い

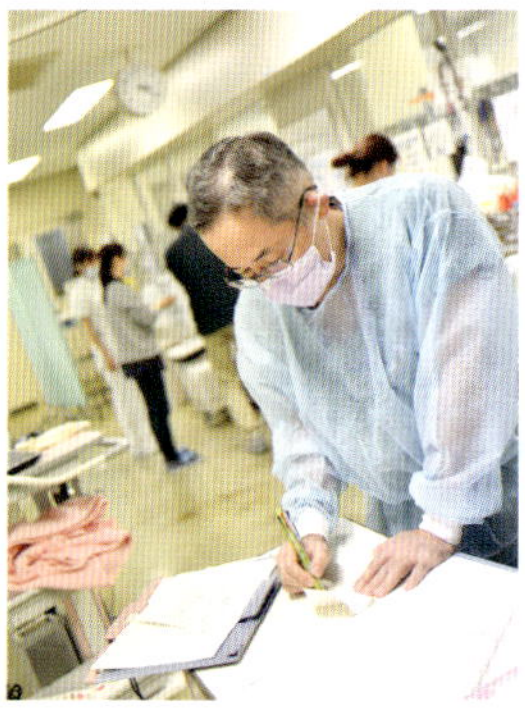

術後《じゅつご》の処置《しょち》が終《お》わると今後《こんご》の治療《ちりょう》に役立《やくだ》てるため、手術《しゅじゅつ》の記録《きろく》をしっかりとつけます。よりよい処置方法《しょちほうほう》を探《さぐ》るために同《おな》じ科《か》の他《ほか》の先生《せんせい》と話《はな》し合《あ》いをすることもあります。その後《ご》はまた他《ほか》の患者《かんじゃ》さんの様《よう》子《す》を見《み》て、次《つぎ》の手術《しゅじゅつ》の準備《じゅんび》にとりかかります。

一日《いちにち》のすべての仕事《しごと》が終《お》わるのは20時頃《じごろ》です。急患《きゅうかん》が出《で》た場合《ばあい》にそなえて、宿直当番《しゅくちょくとうばん》がある日《ひ》は病院《びょういん》に泊《と》まりこみます。

時《とき》にはこんな仕事《しごと》も

将来《しょうらい》の医療関係者《いりょうかんけいしゃ》を育《そだ》てる仕事《しごと》

医師《いし》、看護師《かんごし》たちの教育者《きょういくしゃ》として

医師《いし》には手術《しゅじゅつ》や患者《かんじゃ》さんの診療《しんりょう》の他《ほか》に、医学部《いがくぶ》の学生《がくせい》や看護師《かんごし》たちの教育《きょういく》という大事《だいじ》な仕事《しごと》があります。野村先生《のむらせんせい》も小児心臓外科《しょうにしんぞうげか》の専門医《せんもんい》としての知識《ちしき》と経験《けいけん》を生《い》かし、医療《いりょう》の世界《せかい》を目指《めざ》して勉強《べんきょう》する人《ひと》たちに講義《こうぎ》をしています。

講義《こうぎ》では心臓《しんぞう》がどう形作《かたちづく》られるかという基本《きほん》から、そこに起《お》きるのはどういう病気《びょうき》か、どう対処《たいしょ》していけばよいのかまで、ひと通《とお》りの知識《ちしき》を後継《こうけい》者《しゃ》たちに伝《つた》えます。この日《ひ》は新人看護師《しんじんかんごし》たちへ、手術《しゅじゅつ》が終《お》わった後《あと》の管理《かんり》をテーマに講《こう》義《ぎ》を行《おこな》いました。

野村先生《のむらせんせい》は現在《げんざい》、看護学校《かんごがっこう》での講義《こうぎ》を受《う》け持《も》っています。最近《さいきん》は教育課程《きょういくかてい》に医学教育専《いがくきょういくせん》門《もん》の先生《せんせい》がいて、現場《げんば》の医師《いし》が直接教《ちょくせつおし》える機会《きかい》は減《へ》ったそうです。

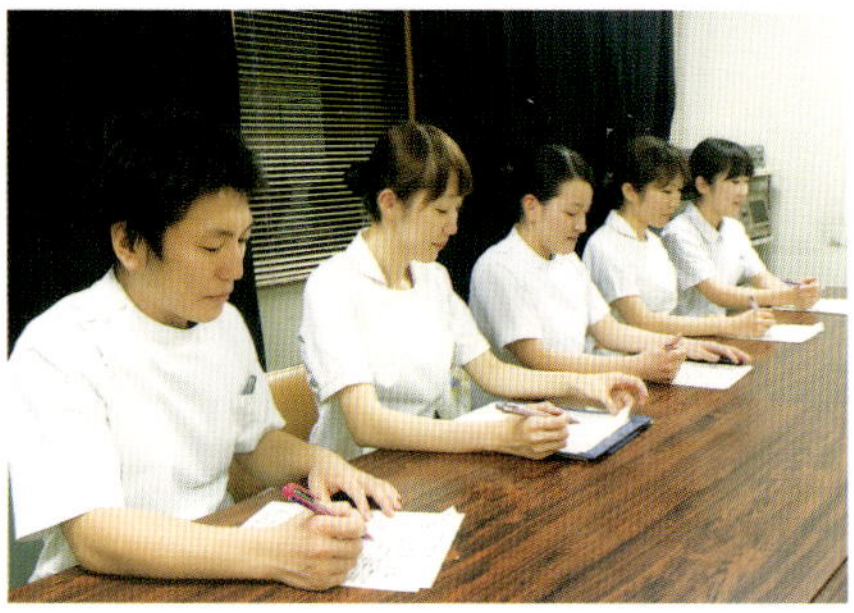

野村《のむら》さんに聞《き》いてみよう! Q&A

Q 子《こ》どもの頃《ころ》の体験《たいけん》で、今役立《いまやくだ》っていることは何《なん》ですか?

A 手術《しゅじゅつ》に長《なが》い時間《じかん》がかかることもあり、外科医《げかい》は体力《たいりょく》がないとできない仕事《しごと》です。小学校《しょうがっこう》、中学《ちゅうがく》、高校《こうこう》とずっと野球《やきゅう》をやっていて体力《たいりょく》がついたことは、今《いま》でも役《やく》に立《た》っていると思《おも》います。

また、うちは代々医者《だいだいいしゃ》をしていて、両親《りょうしん》の食事《しょくじ》についての方針《ほうしん》も厳《きび》しいものでした。お菓子《かし》や間食《かんしょく》はダメで、三食《さんしょく》きちんと食《た》べること。子《こ》どもの頃《ころ》に身《み》についた規則《きそく》正《ただ》しい食生活《しょくせいかつ》の習慣《しゅうかん》も、健康《けんこう》な体《からだ》を作《つく》ってくれていると思《おも》います。

Q この仕事《しごと》の魅力《みりょく》、やりがいを教《おし》えてください

A 心臓《しんぞう》は手術《しゅじゅつ》をしないと100%死《し》んでしまうような病気《びょうき》が多《おお》いんです。けれども、手術《しゅじゅつ》でその命《いのち》を救《すく》うことができます。とくに心臓《しんぞう》はすぐに結果《けっか》が出《で》る場所《ばしょ》で、体《からだ》が弱《よわ》くてミルクも飲《の》めなかったような子《こ》が、手術《しゅじゅつ》をしてすぐ普通《ふつう》に飲《の》めるようになり、元気《げんき》に退院《たいいん》していきます。赤《あか》ちゃんのときに手術《しゅじゅつ》をした子《こ》が大《おお》きくなって検査《けんさ》に来《き》て、今《いま》は元気《げんき》に学校《がっこう》に行《い》っていますという話《はなし》を聞《き》くのが、一番《いちばん》うれしい瞬間《しゅんかん》です。

Q どうして小児心臓外科医《しょうにしんぞうげかい》になろうと思《おも》ったのですか?

A 最初《さいしょ》は麻酔医《ますいい》をしていて、心臓外科《しんぞうげか》の手術《しゅじゅつ》を見《み》て衝撃《しょうげき》を受《う》けたんです。血管《けっかん》から大出血《だいしゅっけつ》しても先生《せんせい》の手《て》がどんどん動《うご》いて、あっという間《ま》に状態《じょうたい》がよくなっていく。こんな風《ふう》になれたらいいなと思《おも》って、一人前《いちにんまえ》になるまでに時間《じかん》がかかる難《むずか》しい科《か》だけれど、挑戦《ちょうせん》してみようと考《かんが》えるようになりました。小児《しょうに》を専門《せんもん》にしたのは、修行中《しゅぎょうちゅう》に小児心臓《しょうにしんぞう》を専門《せんもん》にしているすばらしい指導医《しどうい》の先生《せんせい》と巡《めぐ》り会《あ》えたことが大《おお》きいですね。

Q 小児心臓外科医《しょうにしんぞうげかい》になりたい人《ひと》にメッセージをお願《ねが》いします

A 子《こ》どもへの思《おも》いなど大事《だいじ》なことはいろいろありますが、今《いま》の段階《だんかい》で言《い》えるのは、しっかり健康《けんこう》な体《からだ》を作《つく》るのが大切《たいせつ》ということですね。

もうひとつ言《い》うなら継続《けいぞく》が大事《だいじ》ということ。第二助手《だいにじょしゅ》から始《はじ》めて第一助手《だいいちじょしゅ》になり、執刀医《しっとうい》になるまでに長《なが》い時間《じかん》がかかり、適性《てきせい》がない人《ひと》はたどり着《つ》けない厳《きび》しい世界《せかい》です。習《なら》い事《ごと》でも何《なん》でも、自分《じぶん》がやろうと思《おも》ったことを継続《けいぞく》することが大切《たいせつ》かもしれませんね。

Q どんな人《ひと》が小児心臓外科医《しょうにしんぞうげかい》に向《む》いていると思《おも》いますか?

A 同《おな》じ仕事《しごと》をしている先生《せんせい》たちと、小児心臓外科医《しょうにしんぞうげかい》には物事《ものごと》の白黒《しろくろ》をはっきりさせる人《ひと》が多《おお》いという話《はなし》をしたことがあります。子《こ》どもの心臓《しんぞう》が悪《わる》くなった場合《ばあい》、時間《じかん》も対応《たいおう》する方法《ほうほう》も限《かぎ》られた中《なか》で、一番正《いちばんただ》しく対処《たいしょ》しなければなりません。そのための訓練《くんれん》を受《う》けていることもあるでしょうが、素早《すばや》く決断《けつだん》できる、行動力《こうどうりょく》のある人《ひと》が向《む》いているように思《おも》います。それと、同《おな》じミスを二度《にど》と繰《く》り返《かえ》さないことも鉄則《てっそく》です。

Q 小児心臓外科医《しょうにしんぞうげかい》として自分《じぶん》なりに工夫《くふう》していることは何《なん》ですか?

A 心臓外科《しんぞうげか》の手術《しゅじゅつ》は普通《ふつう》、執刀医《しっとうい》と２人《ふたり》の助手《じょしゅ》、全部《ぜんぶ》で３人《にん》の外科医《げかい》が担当《たんとう》します。この人数《にんずう》を手術《しゅじゅつ》の精度《せいど》を落《お》とさないまま減《へ》らすことができれば、手術《しゅじゅつ》できる数《かず》も増《ふ》え、よりたくさんの患者《かんじゃ》さんを救《すく》うことができます。最近《さいきん》は少《すこ》し余裕《よゆう》が出《で》てきたこともあり、どこまで少《すく》ない人数《にんずう》で手術《しゅじゅつ》ができるか、問題《もんだい》がない範囲《はんい》で効率化《こうりつか》のチャレンジを進《すす》めています。事故《じこ》なく手術《しゅじゅつ》できるだろうという手応《てごた》えも出《で》てきました。

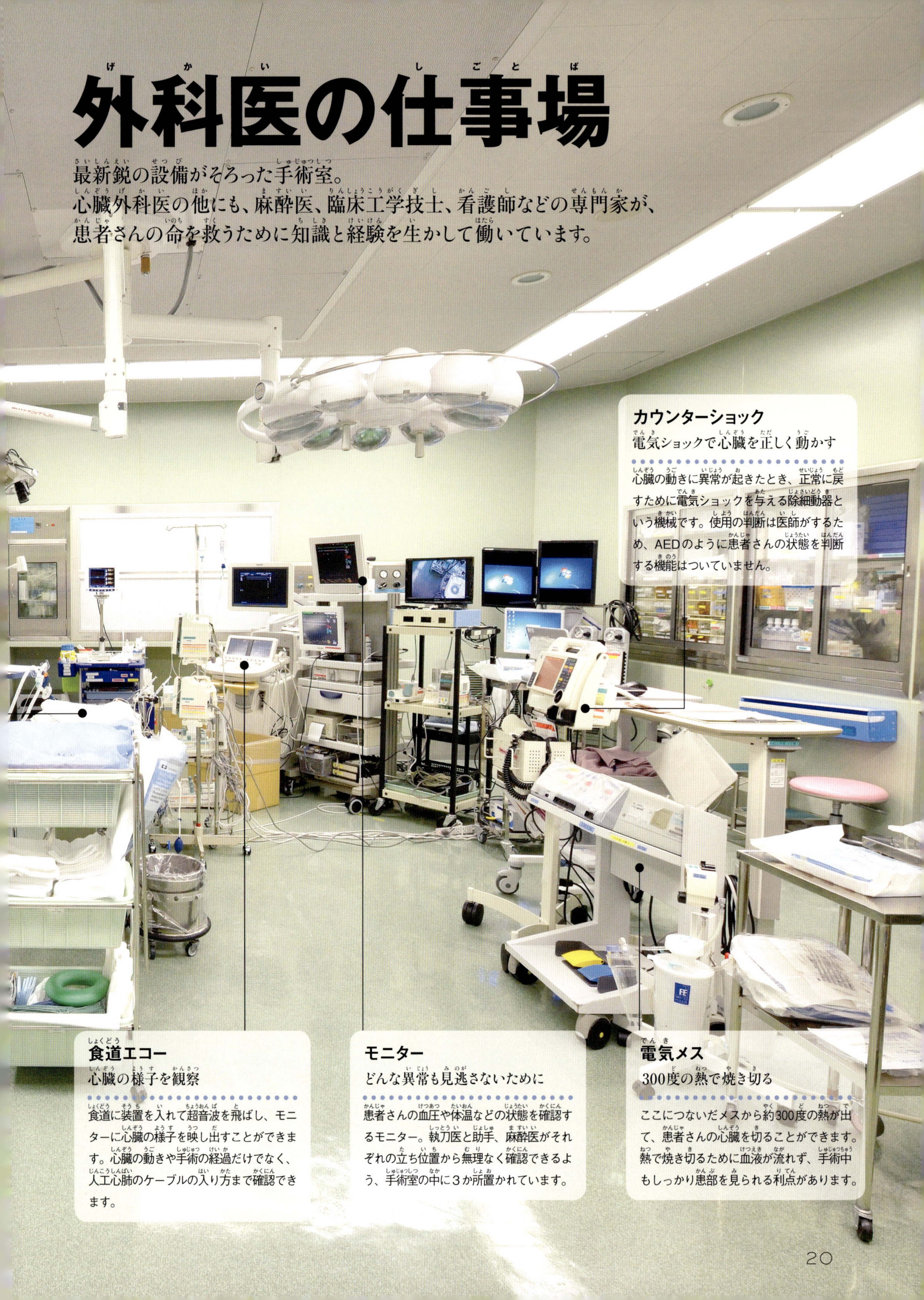

外《げ》科《か》医《い》の仕《し》事《ごと》場《ば》

最新鋭《さいしんえい》の設備《せつび》がそろった手術室《しゅじゅつしつ》。
心臓外科医《しんぞうげかい》の他《ほか》にも、麻酔医《ますいい》、臨床工学技士《りんしょうこうがくぎし》、看護師《かんごし》などの専門家《せんもんか》が、
患者《かんじゃ》さんの命《いのち》を救《すく》うために知識《ちしき》と経験《けいけん》を生《い》かして働《はたら》いています。

カウンターショック

電気《でんき》ショックで心臓《しんぞう》を正《ただ》しく動《うご》かす

心臓《しんぞう》の動《うご》きに異常《いじょう》が起《お》きたとき、正常《せいじょう》に戻《もど》すために電気《でんき》ショックを与《あた》える除細動器《じょさいどうき》という機械《きかい》です。使用《しよう》の判断《はんだん》は医師《いし》がするため、AEDのように患者《かんじゃ》さんの状態《じょうたい》を判断《はんだん》する機能《きのう》はついていません。

食道《しょくどう》エコー

心臓《しんぞう》の様子《ようす》を観察《かんさつ》

食道《しょくどう》に装置《そうち》を入《い》れて超音波《ちょうおんぱ》を飛《と》ばし、モニターに心臓《しんぞう》の様子《ようす》を映《うつ》し出《だ》すことができます。心臓《しんぞう》の動《うご》きや手術《しゅじゅつ》の経過《けいか》だけでなく、人工心肺《じんこうしんぱい》のケーブルの入《はい》り方《かた》まで確認《かくにん》できます。

モニター

どんな異常《いじょう》も見逃《みのが》さないために

患者《かんじゃ》さんの血圧《けつあつ》や体温《たいおん》などの状態《じょうたい》を確認《かくにん》するモニター。執刀医《しっとうい》と助手《じょしゅ》、麻酔医《ますいい》がそれぞれの立《た》ち位置《いち》から無理《むり》なく確認《かくにん》できるよう、手術室《しゅじゅつしつ》の中《なか》に3か所《しょ》置《お》かれています。

電気《でんき》メス

300度《ど》の熱《ねつ》で焼《や》き切《き》る

ここにつないだメスから約《やく》300度《ど》の熱《ねつ》が出《で》て、患者《かんじゃ》さんの心臓《しんぞう》を切《き》ることができます。熱《ねつ》で焼《や》き切《き》るために血液《けつえき》が流《なが》れず、手術中《しゅじゅつちゅう》もしっかり患部《かんぶ》を見《み》られる利点《りてん》があります。

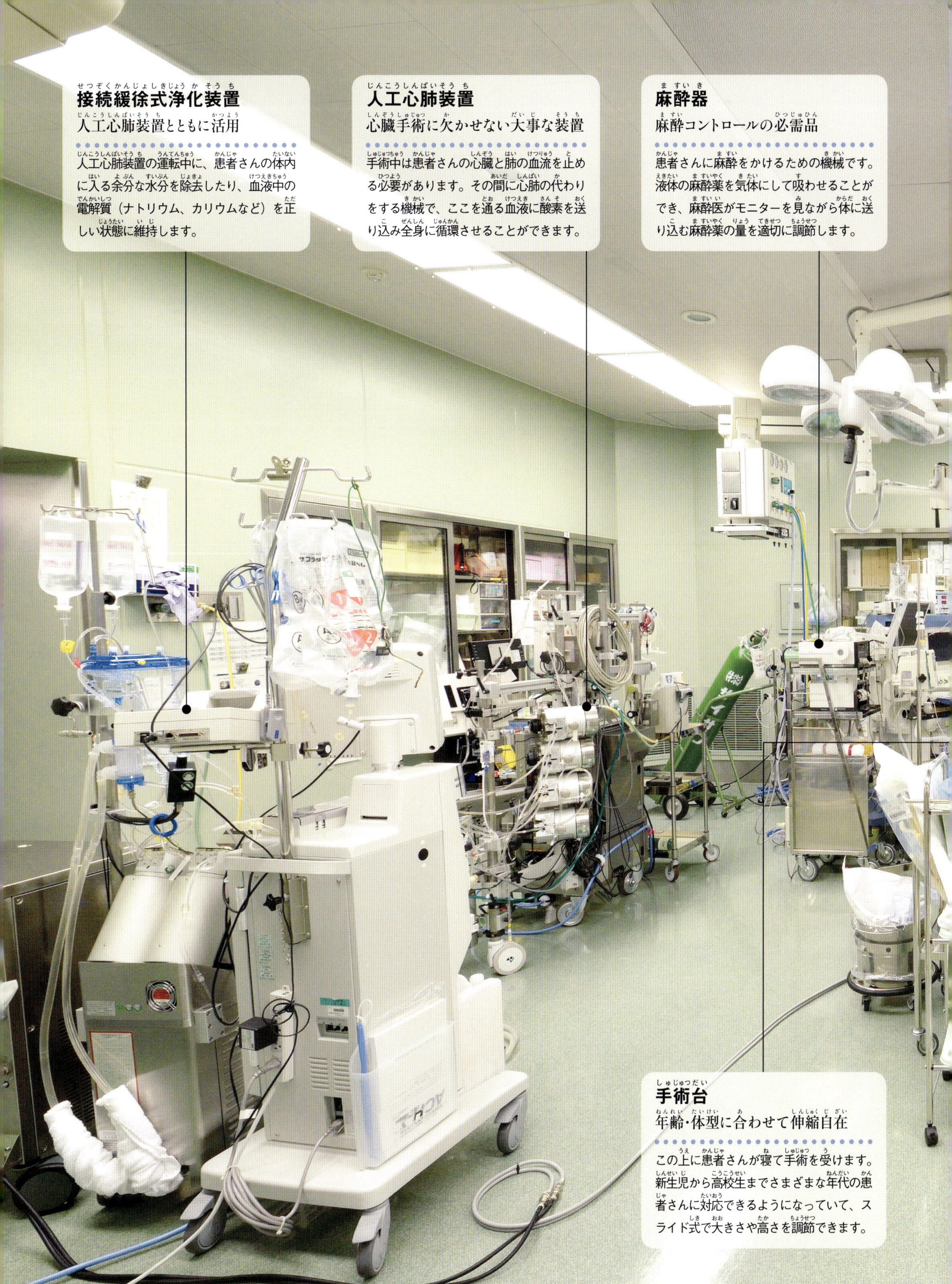

接続緩徐式浄化装置《せつぞくかんじょしきじょうかそうち》

人工心肺装置《じんこうしんぱいそうち》とともに活用《かつよう》

人工心肺装置《じんこうしんぱいそうち》の運転中《うんてんちゅう》に、患者《かんじゃ》さんの体内《たいない》に入《はい》る余分《よぶん》な水分《すいぶん》を除去《じょきょ》したり、血液中《けつえきちゅう》の電解質《でんかいしつ》（ナトリウム、カリウムなど）を正《ただ》しい状態《じょうたい》に維持《いじ》します。

人工心肺装置《じんこうしんぱいそうち》

心臓手術《しんぞうしゅじゅつ》に欠《か》かせない大事《だいじ》な装置《そうち》

手術中《しゅじゅつちゅう》は患者《かんじゃ》さんの心臓《しんぞう》と肺《はい》の血流《けつりゅう》を止《と》める必要《ひつよう》があります。その間《あいだ》に心肺《しんぱい》の代《か》わりをする機械《きかい》で、ここを通《とお》る血液《けつえき》に酸素《さんそ》を送《おく》り込《こ》み全身《ぜんしん》に循環《じゅんかん》させることができます。

麻酔器《ますいき》

麻酔《ますい》コントロールの必需品《ひつじゅひん》

患者《かんじゃ》さんに麻酔《ますい》をかけるための機械《きかい》です。液体《えきたい》の麻酔薬《ますいやく》を気体《きたい》にして吸《す》わせることができ、麻酔医《ますいい》がモニターを見《み》ながら体《からだ》に送《おく》り込《こ》む麻酔薬《ますいやく》の量《りょう》を適切《てきせつ》に調節《ちょうせつ》します。

手術台《しゅじゅつだい》

年齢《ねんれい》・体型《たいけい》に合《あ》わせて伸縮自在《しんしゅくじざい》

この上《うえ》に患者《かんじゃ》さんが寝《ね》て手術《しゅじゅつ》を受《う》けます。新生児《しんせいじ》から高校生《こうこうせい》までさまざまな年代《ねんだい》の患者《かんじゃ》さんに対応《たいおう》できるようになっていて、スライド式《しき》で大《おお》きさや高《たか》さを調節《ちょうせつ》できます。

野村《のむら》さんこだわりの7つ道具《どうぐ》

小《ちい》さな命《いのち》を救《すく》うために、
細《こま》かな注意《ちゅうい》が必要《ひつよう》な心臓《しんぞう》外科《げか》手術《しゅじゅつ》。
支《ささ》えてくれる道具《どうぐ》は
どれもすごい工夫《くふう》にあふれています。

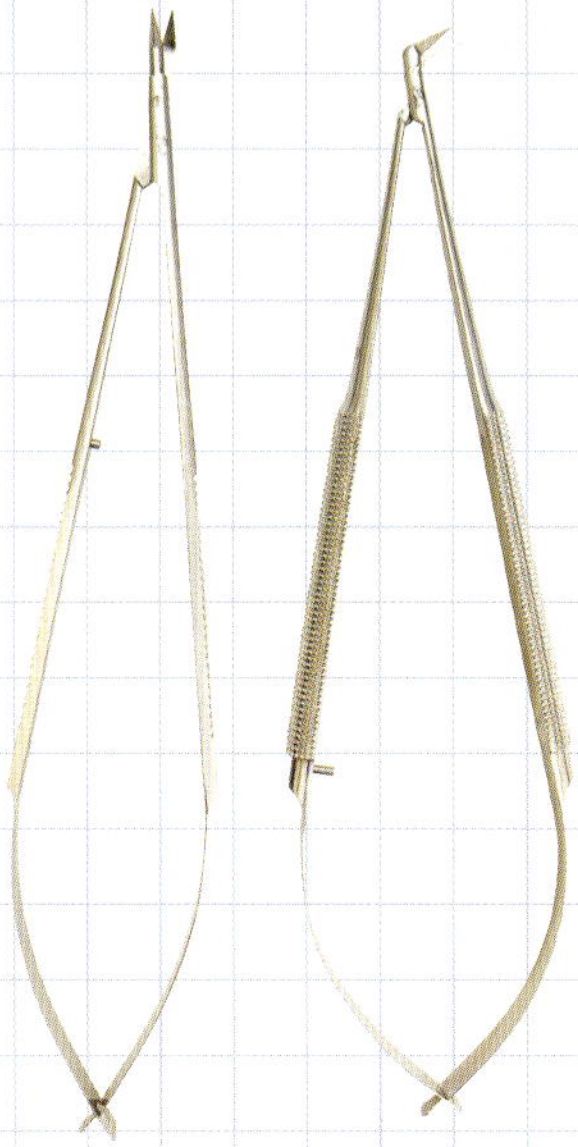

◀血管用《けっかんよう》ハサミ

刃先《はさき》の角度《かくど》で使《つか》い分《わ》けが可能《かのう》

細《ほそ》い血管《けっかん》を切《き》るためのハサミで、先《さき》に10ミリほどの小《ちい》さい刃《は》がついています。心臓《しんぞう》の手術《しゅじゅつ》では胸側《むねがわ》からしか処置《しょち》できないため、切《き》る血管《けっかん》の位置《いち》に合《あ》わせていろいろな角度《かくど》のものを用意《ようい》しています。

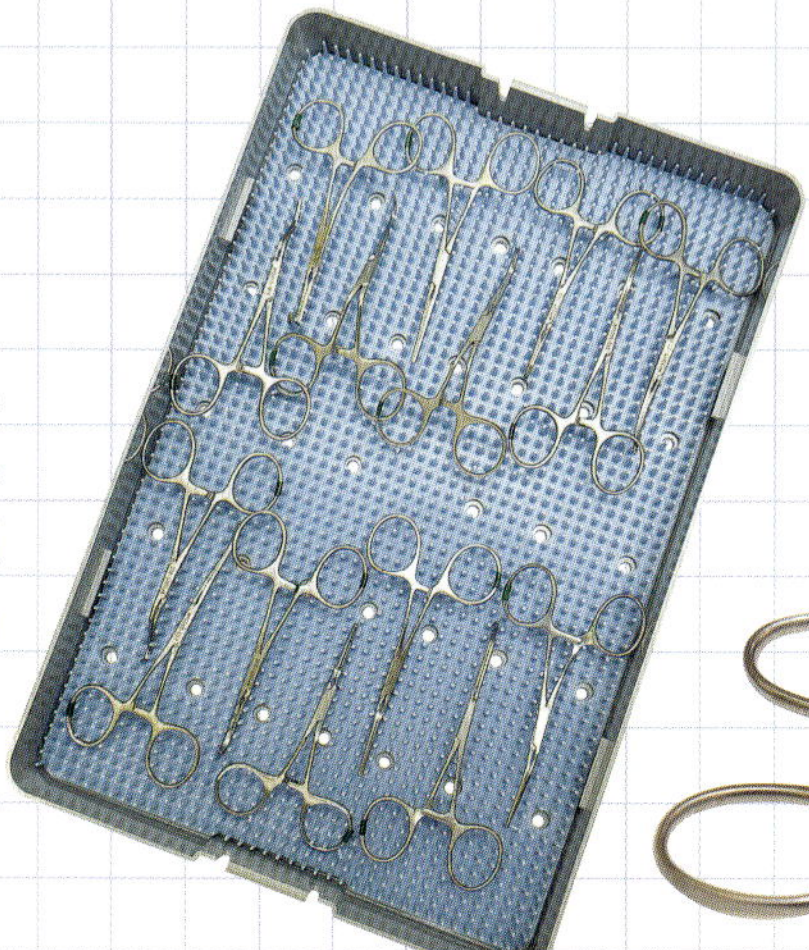

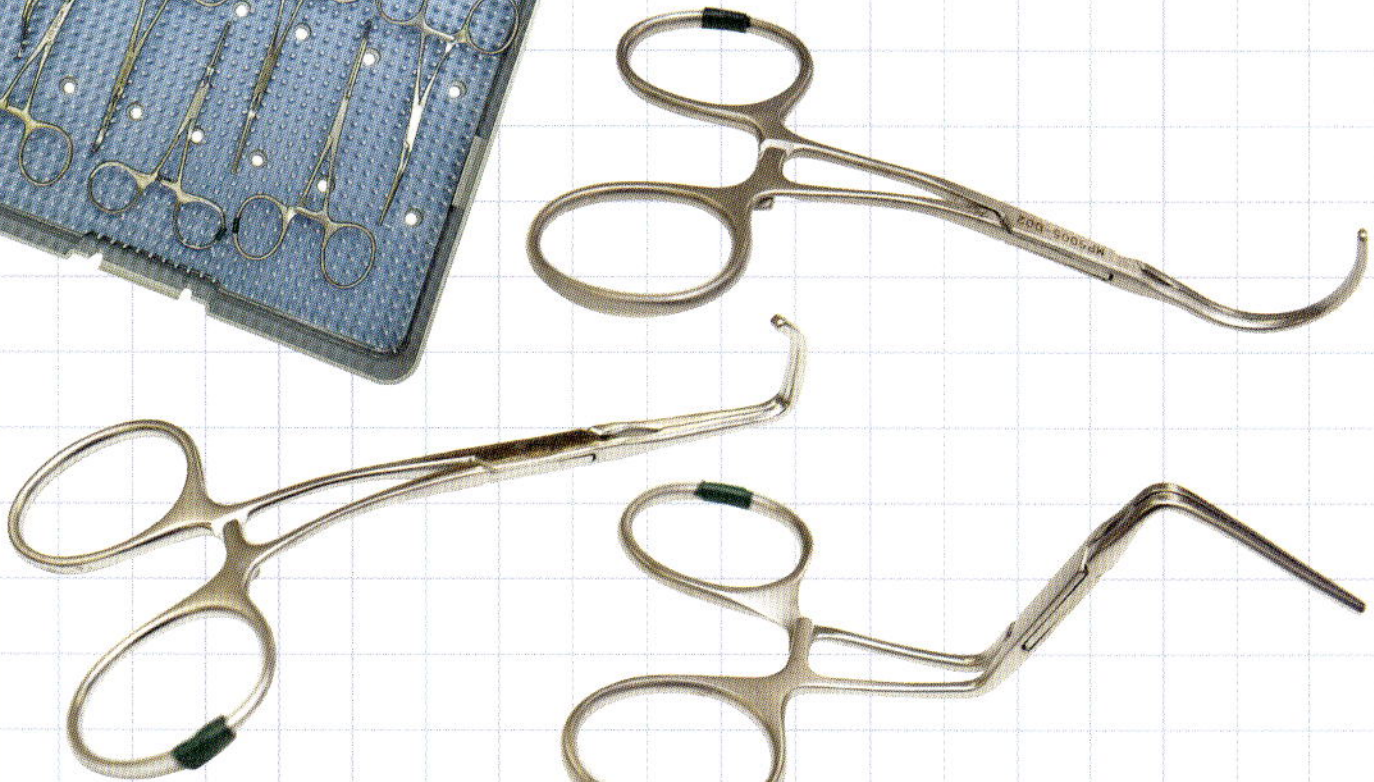

▼鉗子《かんし》セット

すべて違《ちが》う形《かたち》の15本《ほん》セット

手術中《しゅじゅつちゅう》に血管《けっかん》をはさんでつかんだり押《お》さえたりするために使《つか》う器具《きぐ》です。押《お》さえる血管《けっかん》に合《あ》わせて使《つか》い分《わ》けるため、一本一本《いっぽんいっぽん》すべての角度《かくど》や向《む》きが違《ちが》っています。

▼拡大鏡《かくだいきょう》

小《ちい》さな血管《けっかん》もしっかりと拡大《かくだい》

手術《しゅじゅつ》する部分《ぶぶん》を大《おお》きく見《み》るための拡大鏡《かくだいきょう》で、患者《かんじゃ》さんの体《からだ》の大《おお》きさに合《あ》わせて倍率《ばいりつ》を使《つか》い分《わ》けています。手術中《しゅじゅつちゅう》はモニターなども見《み》る必要《ひつよう》があるため、視線《しせん》を拡大鏡《かくだいきょう》から外《はず》せば周《まわ》りの状況《じょうきょう》も見《み》られます。

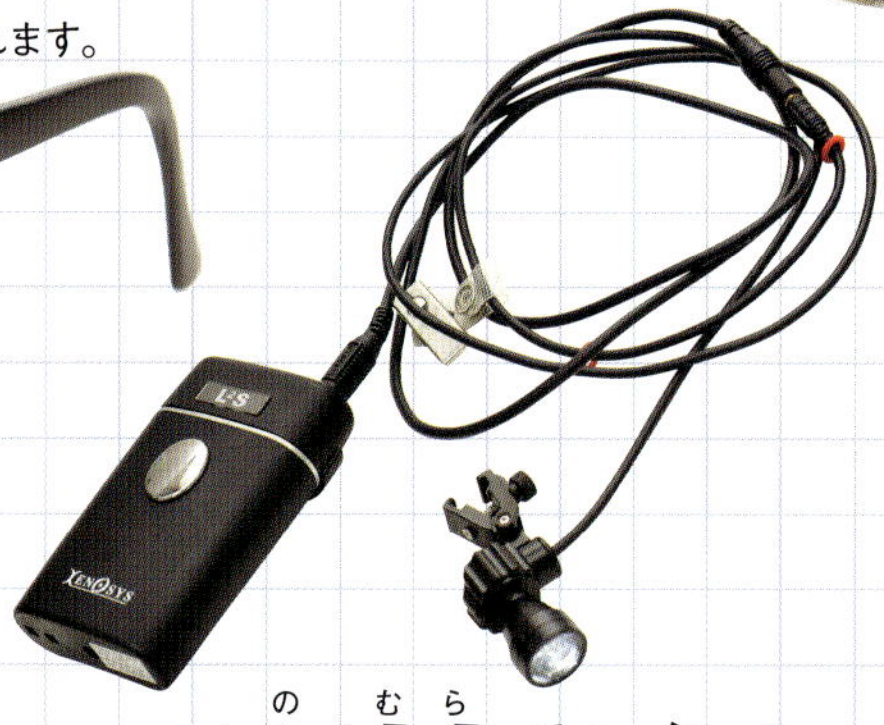

◀ヘッドライト

患部《かんぶ》をしっかり明《あか》るく照《て》らす

拡大鏡《かくだいきょう》のブリッジに取《と》りつけるライトで、目元《めもと》から光《ひかり》が出《で》て患部《かんぶ》を照《て》らしてくれます。とても軽《かる》いため、長時間《ちょうじかん》の手術《しゅじゅつ》でも負担《ふたん》になりません。

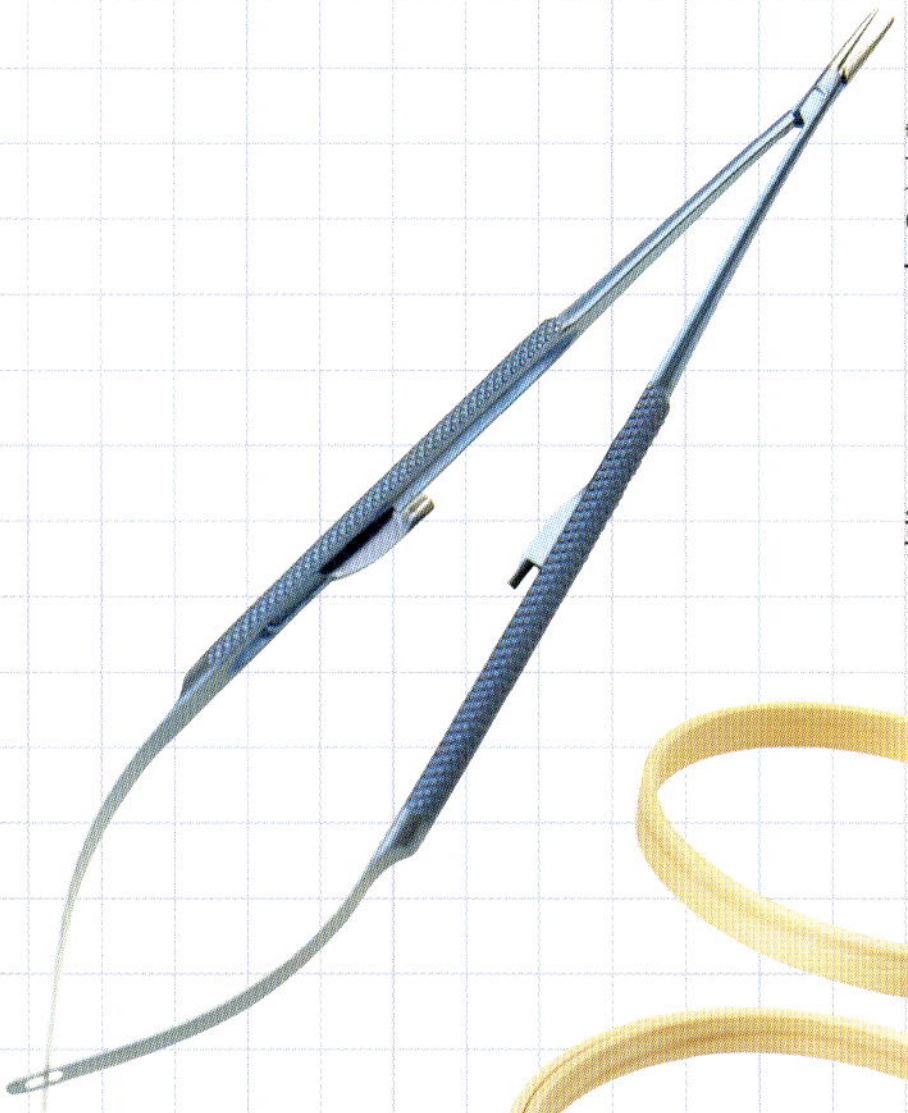

◀持針器《じしんき》

力《ちから》を入《い》れないための工夫《くふう》

血管《けっかん》を縫《ぬ》う針《はり》をつまむための器具《きぐ》です。一度《いちど》つかむと金具《かなぐ》がしっかりと針《はり》を固定《こてい》してくれるので、針《はり》を押《お》さえるのに力《ちから》を入《い》れ続《つづ》ける必要《ひつよう》がありません。

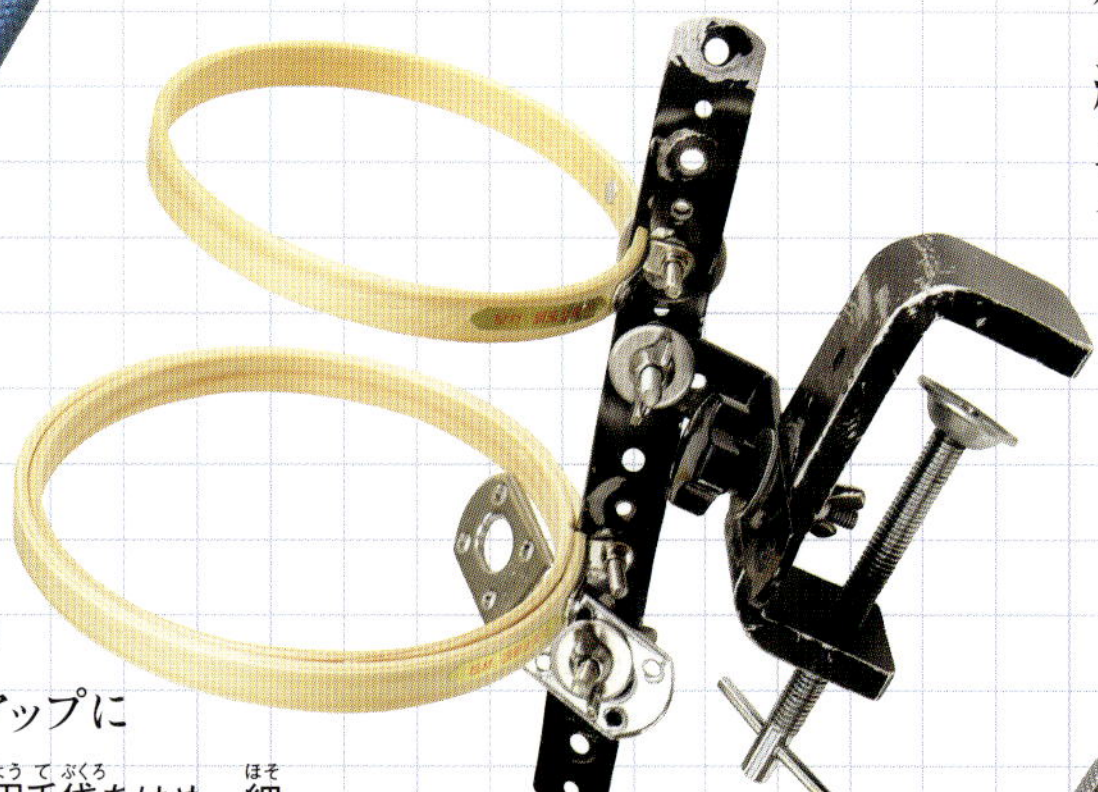

▶練習器《れんしゅうき》

難《むずか》しい手術《しゅじゅつ》のウォーミングアップに

輪《わ》の部分《ぶぶん》に手術用《しゅじゅつよう》手袋《てぶくろ》をはめ、細《ほそ》い糸《いと》で細《こま》かい血管《けっかん》を縫《ぬ》う練習《れんしゅう》をすることも（P16の写真参照）。野《の》村《むら》さんが万力《まんりき》と刺繍用《ししゅうよう》の丸枠《まるわく》を組《く》み合《あ》わせて作《つく》ったものです。

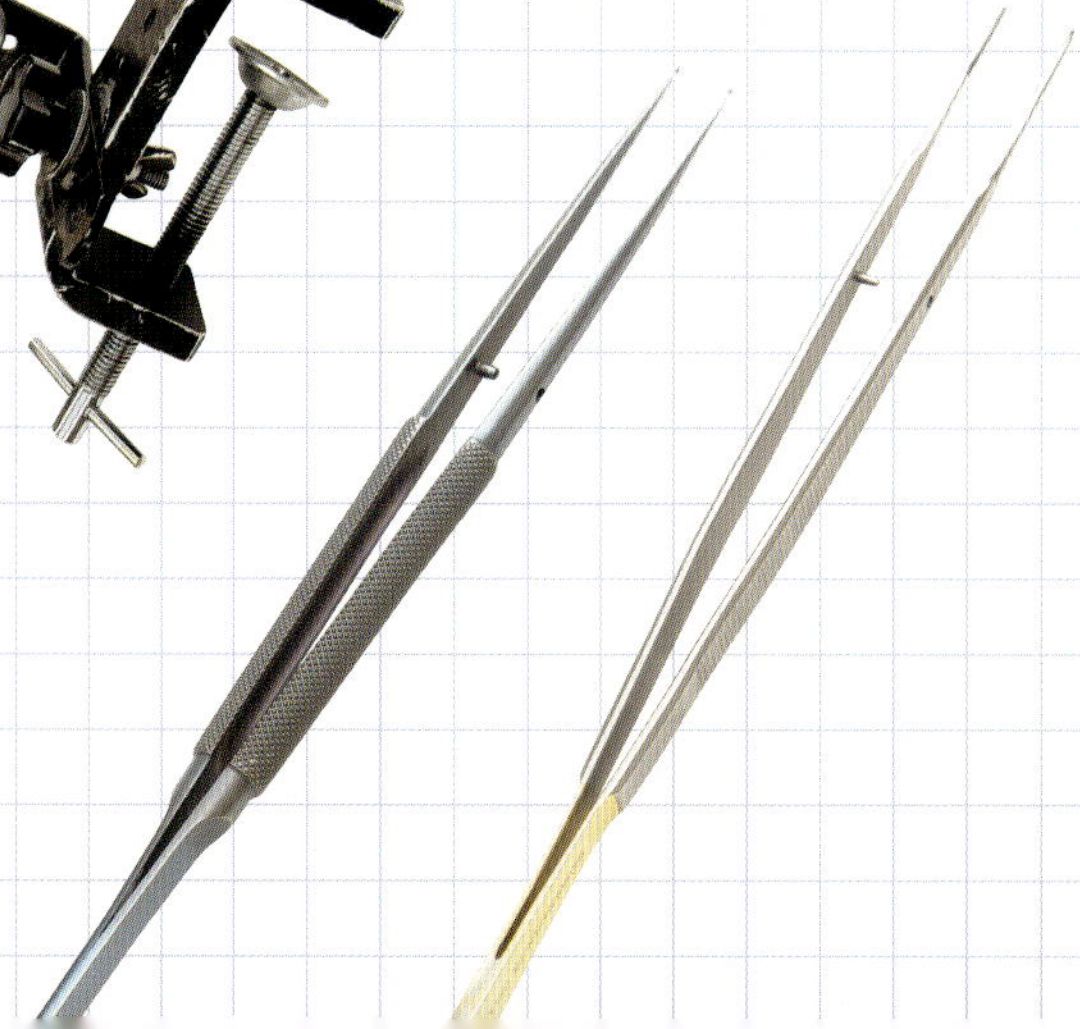

◀鑷子《せっし》

細《ほそ》いものもつかめるピンセット

手術用《しゅじゅつよう》のピンセットです。ときには0.1ミリしかないような太《ふと》さの血管《けっかん》を縫《ぬ》うこともあり、とても細《ほそ》い糸《いと》や針《はり》を使《つか》うため、すべらずにしっかりと押《お》さえられるようになっています。

外科医《げかい》って どうしたらなれるの?

中学《ちゅうがく》 3年《ねん》　15歳《さい》

高校《こうこう》 3年《ねん》　18歳《さい》

医大《いだい》・大学《だいがく》の医学部《いがくぶ》 6年《ねん》　24歳《さい》

大学《だいがく》の医学部《いがくぶ》を6年間《ねんかん》かけて卒業《そつぎょう》し、国家試験《こっかしけん》に合格《ごうかく》して医師免許《いしめんきょ》[*1]を持《も》たなくてはいけません。

大学《だいがく》では専門分野《せんもんぶんや》に分《わ》かれずに、医学全般《いがくぜんぱん》の知識《ちしき》を学《まな》びます。資格《しかく》を取《と》れるのは最短《さいたん》で24歳《さい》です。

臨床研修《りんしょうけんしゅう》 最低《さいてい》2年《ねん》　20代《だい》

病院《びょういん》で臨床研修《りんしょうけんしゅう》[*2]を受《う》け、実際《じっさい》の医療現場《いりょうげんば》で医師《いし》としての腕《うで》を磨《みが》きます。研修期間《けんしゅうきかん》は最低《さいてい》でも2年間《ねんかん》。

高度《こうど》な専門分野《せんもんぶんや》を目指《めざ》す場合《ばあい》は5年以上《ねんいじょう》になったり、この期間中《きかんちゅう》に海外留学《かいがいりゅうがく》をしたりすることもあります。

留学《りゅうがく》

外科医《げかい》

病院《びょういん》に就職《しゅうしょく》し、医師《いし》として仕事《しごと》をします。外科手術《げかしゅじゅつ》の執刀医《しっとうい》になるには外科医学会《げかいがくかい》の専門医《せんもんい》[*3]認定《にんてい》が必要《ひつよう》です。

助手《じょしゅ》として手術《しゅじゅつ》の経験《けいけん》を積《つ》み、重症《じゅうしょう》の手術《しゅじゅつ》を担当《たんとう》するのは40歳前後《さいぜんご》と、長《なが》い修行期間《しゅぎょうきかん》が必要《ひつよう》です。

*1 医師免許《いしめんきょ》

医者《いしゃ》として仕事《しごと》をする上《うえ》で絶対《ぜったい》に必要《ひつよう》な資格《しかく》で、医師国家試験《いしこっかしけん》に合格《ごうかく》すると手《て》に入《はい》ります。医療行為《いりょうこうい》に関《かか》わるために基準《きじゅん》が厳《きび》しく決《き》められていて、受験資格《じゅけんしかく》も大学医学部《だいがくいがくぶ》の卒業者《そつぎょうしゃ》に限《かぎ》られています。

*2 臨床研修《りんしょうけんしゅう》

病院《びょういん》に配属《はいぞく》されて現場《げんば》を経験《けいけん》する医師《いし》の教育制度《きょういくせいど》です。この研修《けんしゅう》を終《お》えると特定《とくてい》の医療科学会《いりょうかがくかい》から認定医《にんていい》の資格《しかく》をもらい、一人前《いちにんまえ》の医師《いし》として病院《びょういん》で働《はたら》けるようになります。

*3 専門医《せんもんい》

学会《がっかい》が高《たか》い専門知識《せんもんちしき》と技術《ぎじゅつ》を持《も》っていると認《みと》める制度《せいど》です。心臓外科医《しんぞうげかい》になるには、まず「外科専門医《げかせんもんい》」の認定《にんてい》を取《と》って、さらに数年《すうねん》の経験《けいけん》を積《つ》んで「心臓外科専門医《しんぞうげかせんもんい》」の認定《にんてい》を受《う》けなくてはいけません。

平均給与月額《へいきんきゅうよげつがく》
90万《まん》0,000円《えん》

推定平均年収《すいていへいきんねんしゅう》
1,080万円《まんえん》

お給料《きゅうりょう》っていくら?

病院《びょういん》に勤《つと》める勤務医《きんむい》の場合《ばあい》、専門知識《せんもんちしき》や新《あたら》しい技術《ぎじゅつ》を身《み》につけると、昇進《しょうしん》してお給料《きゅうりょう》も上《あ》がりやすくなります。そのためには長《なが》い時間教育《じかんきょういく》を受《う》け、現場《げんば》でいろいろな経験《けいけん》をしなくてはいけません。

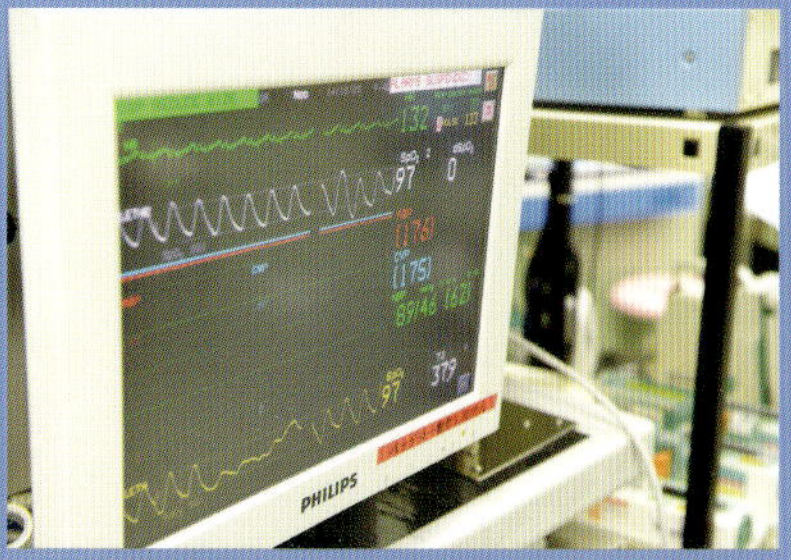

＊平成《へいせい》25年厚生労働省《ねんこうせいろうどうしょう》「賃金構造基本統計調査《ちんぎんこうぞうきほんとうけいちょうさ》」より。ただし、勤務先《きんむさき》、経験年数《けいけんねんすう》、雇用形態《こようけいたい》などにより大《おお》きく異《こと》なります。

義肢装具士《ぎしそうぐし》って どんな仕事《しごと》？

鉄道弘済会《てつどうこうさいかい》
義肢装具《ぎしそうぐ》サポートセンター
臼井二美男《うすいふみお》さん

失《うしな》われた手足《てあし》を補《おぎな》う大事《だいじ》な器具《きぐ》

事故《じこ》や病気《びょうき》で手足《てあし》を切断《せつだん》するような大《おお》きな障《しょう》がいを負《お》った場合《ばあい》、患者《かんじゃ》さんが快適《かいてき》な日《にち》常生活《じょうせいかつ》を送《おく》れるよう、リハビリ医《い》を中心《ちゅうしん》に理学療法士《りがくりょうほうし》、作《さ》業療法士《ぎょうりょうほうし》などの専門家《せんもんか》が協力《きょうりょく》して、サポートする体制《たいせい》を作《つく》ります。その中《なか》で失《うしな》われた手《て》足《あし》の代《か》わりとなる義手《ぎしゅ》・義足《ぎそく》を作《つく》るのが義肢装具士《ぎしそうぐし》の役割《やくわり》です。

義肢装具士《ぎしそうぐし》の「義肢《ぎし》」と「装《そう》具《ぐ》」には違《ちが》いがあり、失《うしな》った腕《うで》や足《あし》の代《か》わりをするのを「義肢《ぎし》」、障《しょう》がいのある場所《ばしょ》を補強《ほきょう》するのが「装具《そうぐ》」といいます。ここでは一日《いちにち》の作業《さぎょう》の流《なが》れを通《とお》して、臼井《うすい》さんがどう義足《ぎそく》を作《つく》っていくかを紹介《しょうかい》します。

すべての義足《ぎそく》はオーダーメイド

患者《かんじゃ》さんの切断《せつだん》の状態《じょうたい》や性《せい》別《べつ》、年齢《ねんれい》などによって義足《ぎそく》を取《と》りつける足《あし》の形《かたち》はさまざまで、それぞれの人《ひと》に合《あ》わせた義足《ぎそく》を作《つく》る必要《ひつよう》があります。そのため、義足《ぎそく》は工場《こうじょう》などで大量生産《たいりょうせいさん》はできず、一点一点《いってんいってん》をすべて人《ひと》の手《て》で作《つく》らなければなりません。

義足《ぎそく》は足《あし》の形《かたち》だけではなく、スポーツをしたい、ハイヒールを履《は》きたいなど、患者《かんじゃ》さんの希望《きぼう》にも合《あ》わせて作《つく》ります。そのために患者《かんじゃ》さんとのコミュニケーション力《りょく》や、相手《あいて》の生活《せいかつ》を考《かんが》える想像力《そうぞうりょく》も大事《だいじ》になってきます。

臼井《うすい》さんの一日《いちにち》

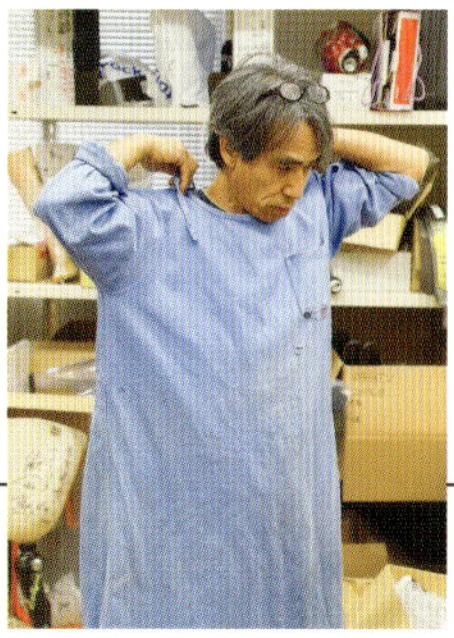

06:30 起床《きしょう》

08:00 出勤《しゅっきん》

09:00 患者《かんじゃ》さんの採寸《さいすん》·採型《さいけい》、義足《ぎそく》の仮合《かりあ》わせ

13:00 義足製作開始《ぎそくせいさくかいし》、石膏《せっこう》で型取《かたど》り

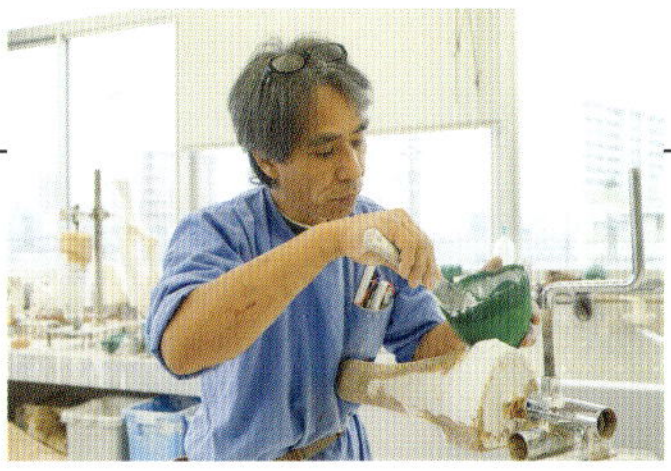

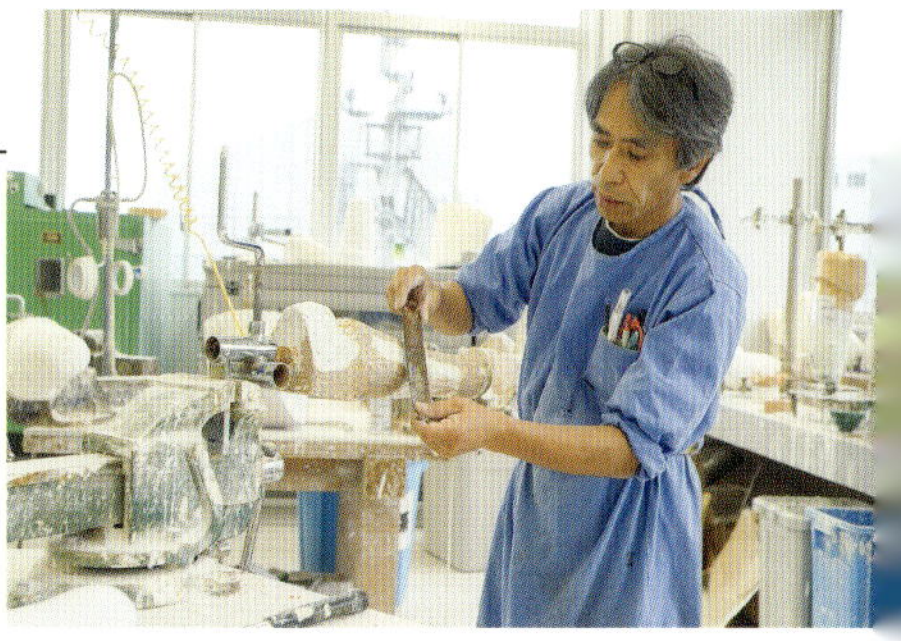

14:00 足《あし》の石膏《せっこう》モデル作成《さくせい》、石膏《せっこう》モデル完成《かんせい》

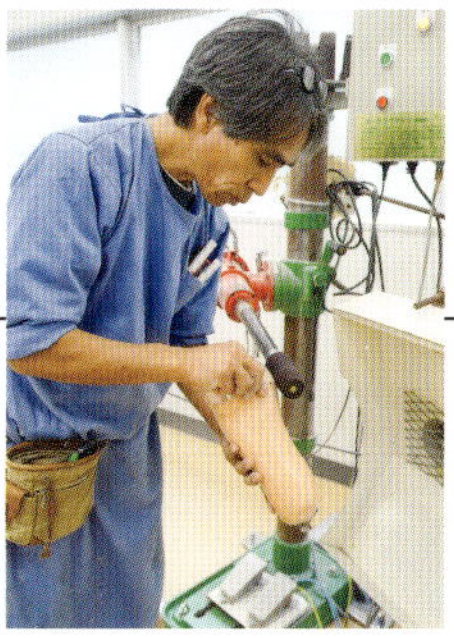

14:30 樹脂《じゅし》でソケット作《づく》り

15:00 樹脂《じゅし》のカット·トリミング

16:00 義足《ぎそく》の組《く》み立《た》て

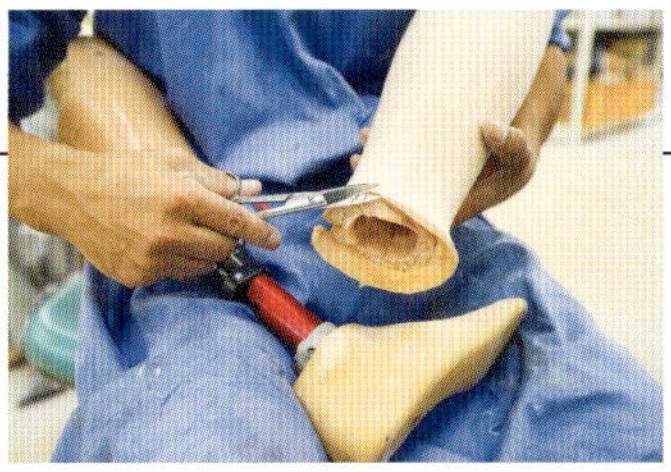

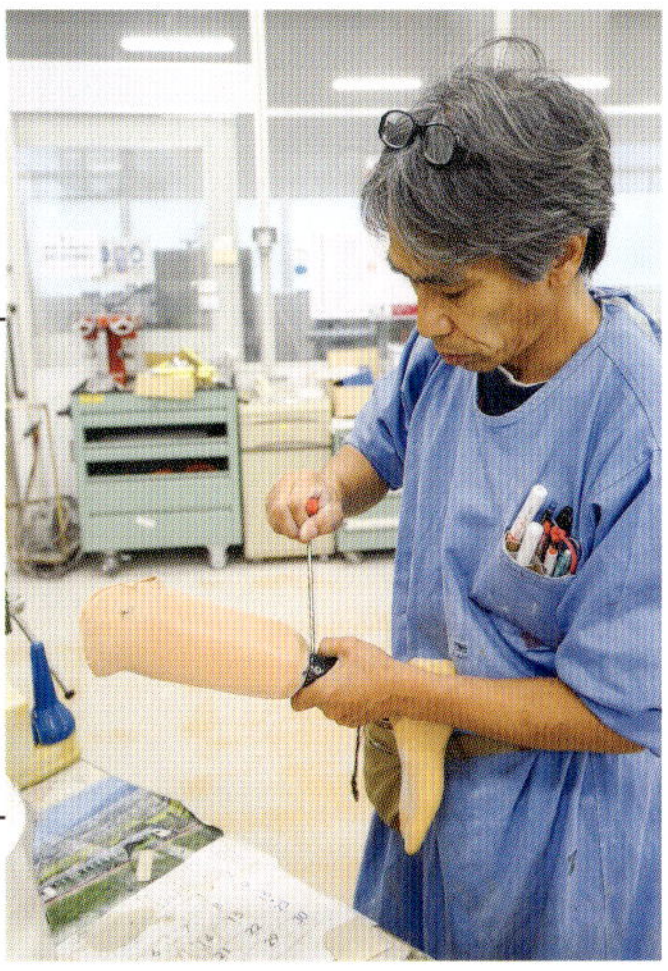

16:30 外装仕上《がいそうしあ》げ

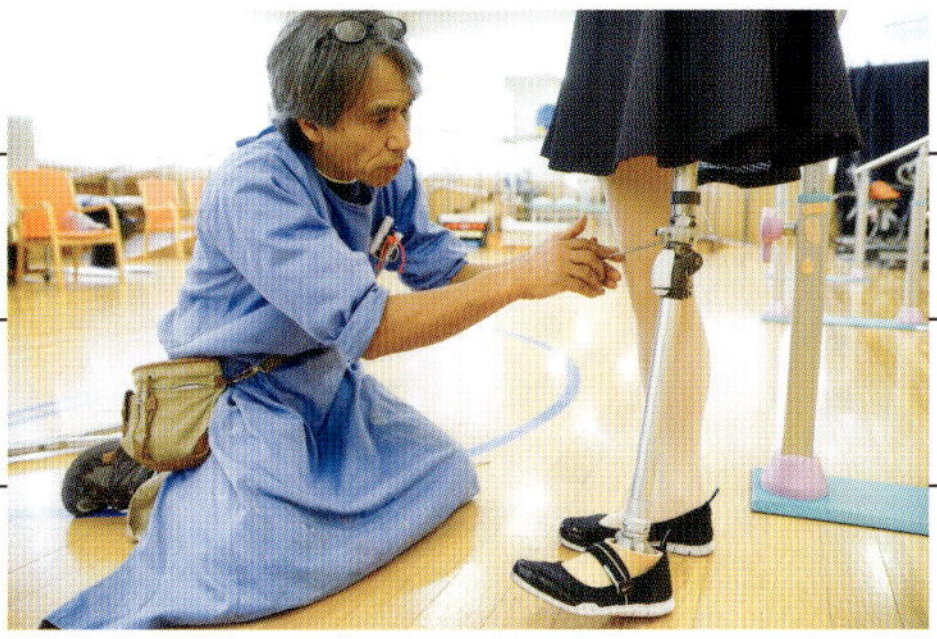

17:00 事務作業《じむさぎょう》

17:30 終業《しゅうぎょう》

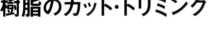

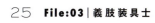

義肢装具士《ぎしそうぐし》の仕事《しごと》

08:00 出勤《しゅっきん》

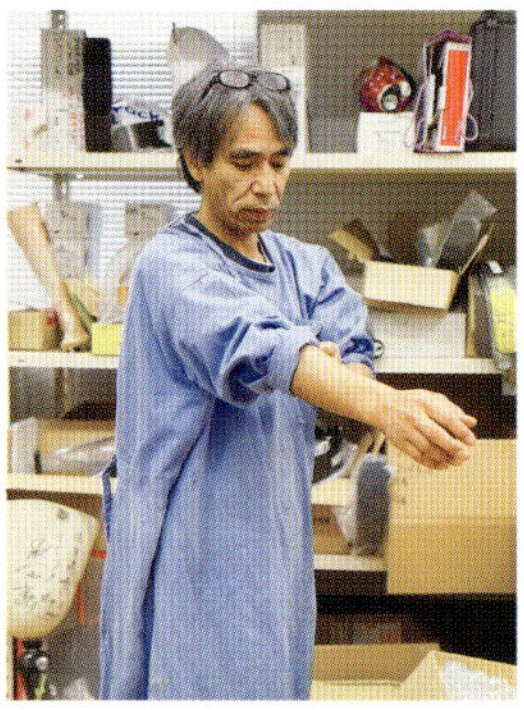

臼井《うすい》さんは週《しゅう》に数回《すうかい》、担当《たんとう》している病院《びょういん》の整形外科《せいけいげか》やリハビリテーション科に出《で》かけていきます。病院《びょういん》では担当《たんとう》する患者《かんじゃ》さんと会《あ》い、足《あし》の型《かた》を取《と》ったり、体《からだ》の寸法《すんぽう》を測《はか》ったりします。

また、作《つく》りかけの義足《ぎそく》の仮《かり》合《あ》わせも大事《だいじ》な仕事《しごと》です。普《ふ》通《つう》は病院《びょういん》での記録《きろく》をもとにしてまずセンターで義足《ぎそく》を作《つく》ります。そして次《つぎ》の週《しゅう》に試《ため》しに着《つ》けて仮合《かりあ》わせをし、その次《つぎ》の週《しゅう》に完成《かんせい》という流《なが》れになりますので、約《やく》3週間《しゅうかん》かけてひとつの義足《ぎそく》を作《つく》ることが多《おお》いといいます。

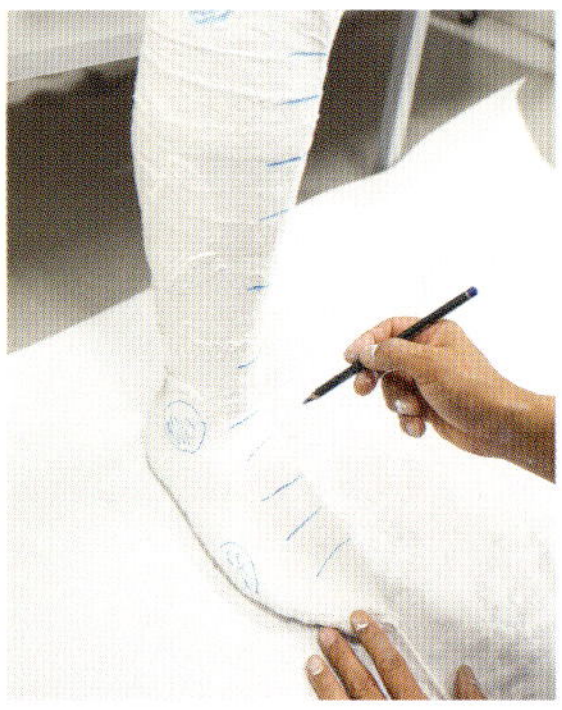

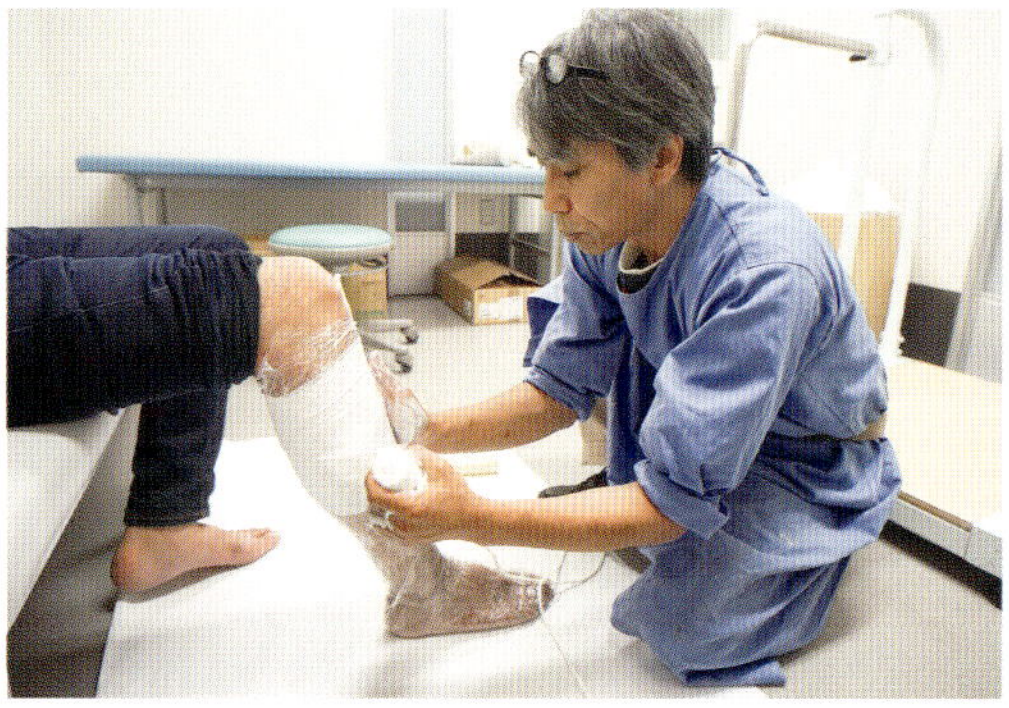

13:00 義足製作開始《ぎそくせいさくかいし》、石膏《せっこう》で型取《かたど》り

義足作《ぎそくづく》りは患者《かんじゃ》さんの足《あし》の型《かた》を取《と》るところから始《はじ》まります。ギプス（石膏《せっこう》）室《しつ》で患者《かんじゃ》さんの足《あし》にラップを巻《ま》き、その上《うえ》から水《みず》に濡《ぬ》らした石膏《せっこう》包《ほう》帯《たい》を巻《ま》きます。この包帯《ほうたい》は石《せっ》膏《こう》を含《ふく》んでいて水《みず》で固《かた》まるため、足《あし》の型《かた》をしっかり取《と》ることができるのです。包帯《ほうたい》が固《かた》まったらサイズを測《はか》るための印《しるし》をペンでつけ、型崩《かたくず》れしないようカッターで丁寧《ていねい》に切《き》り開《ひら》きます。

この包帯《ほうたい》が固《かた》まるまでには少《すこ》し時間《じかん》がかかるため、患者《かんじゃ》さんがマヒなどの症状《しょうじょう》を持《も》っていたり、小《ちい》さな子《こ》どもだったりしてじっとしていられない場合《ばあい》は、積極的《せっきょくてき》に話《はな》しかけて気持《きも》ちをやわらげるよう心《こころ》がけています。

14:00 足《あし》の石膏《せっこう》モデル作成《さくせい》、石膏《せっこう》モデル完成《かんせい》

石膏成型室《せっこうせいけいしつ》で患者《かんじゃ》さんの足《あし》から取《と》った型《かた》に石膏《せっこう》を流《なが》しこみ固《かた》め、足《あし》と同《おな》じ形《かたち》をした石《せっ》膏《こう》モデルを作《つく》ります。これをもとに、義足《ぎそく》を残《のこ》された足《あし》に

取《と》りつけるソケットという部《ぶ》品《ひん》を作《つく》るのです。

モデル作《づく》りは石膏《せっこう》を固《かた》めるだけでは終《お》わりません。モデルの表面《ひょうめん》に石膏《せっこう》を追加《ついか》したり削《けず》ったりして、ていねいに形《かたち》を整《ととの》えていきます。骨《ほね》のでっぱりなどをそのままにしておくと、患者《かんじゃ》さんの足《あし》に痛《いた》みが出《で》る場合《ばあい》があるからです。この調整《ちょうせい》がモデル作《づく》りで一番大《いちばんだい》事《じ》な作業《さぎょう》です。

14:30 樹脂《じゅし》でソケット作《づく》り

石膏《せっこう》モデルにナイロンやカーボンなどの繊維《せんい》をかぶせて機材《きざい》にセットし、外側《そとがわ》にプラスチック樹脂《じゅし》を流《なが》しこみ固《かた》めます。この繊維《せんい》はプラスチックを強《つよ》くするためのもので、こうして作《つく》られた素材《そざい》が繊維《せんい》強化《きょうか》プラスチック（FRP）です。樹脂《じゅし》が固《かた》まるとソケットのできあがりです。

こうして作《つく》ったソケットは樹脂《じゅし》と同《おな》じ肌色《はだいろ》をしていますが、固《かた》めるときに模様《もよう》のついた布《ぬの》をかぶせると、繊維《せんい》に樹《じゅ》脂《し》が流《なが》れ込《こ》んで模様《もよう》のあるデザインソケットができます。こうした義足《ぎそく》の外見《がいけん》は患者《かんじゃ》さんの希望《きぼう》も聞《き》いて作《つく》ります。

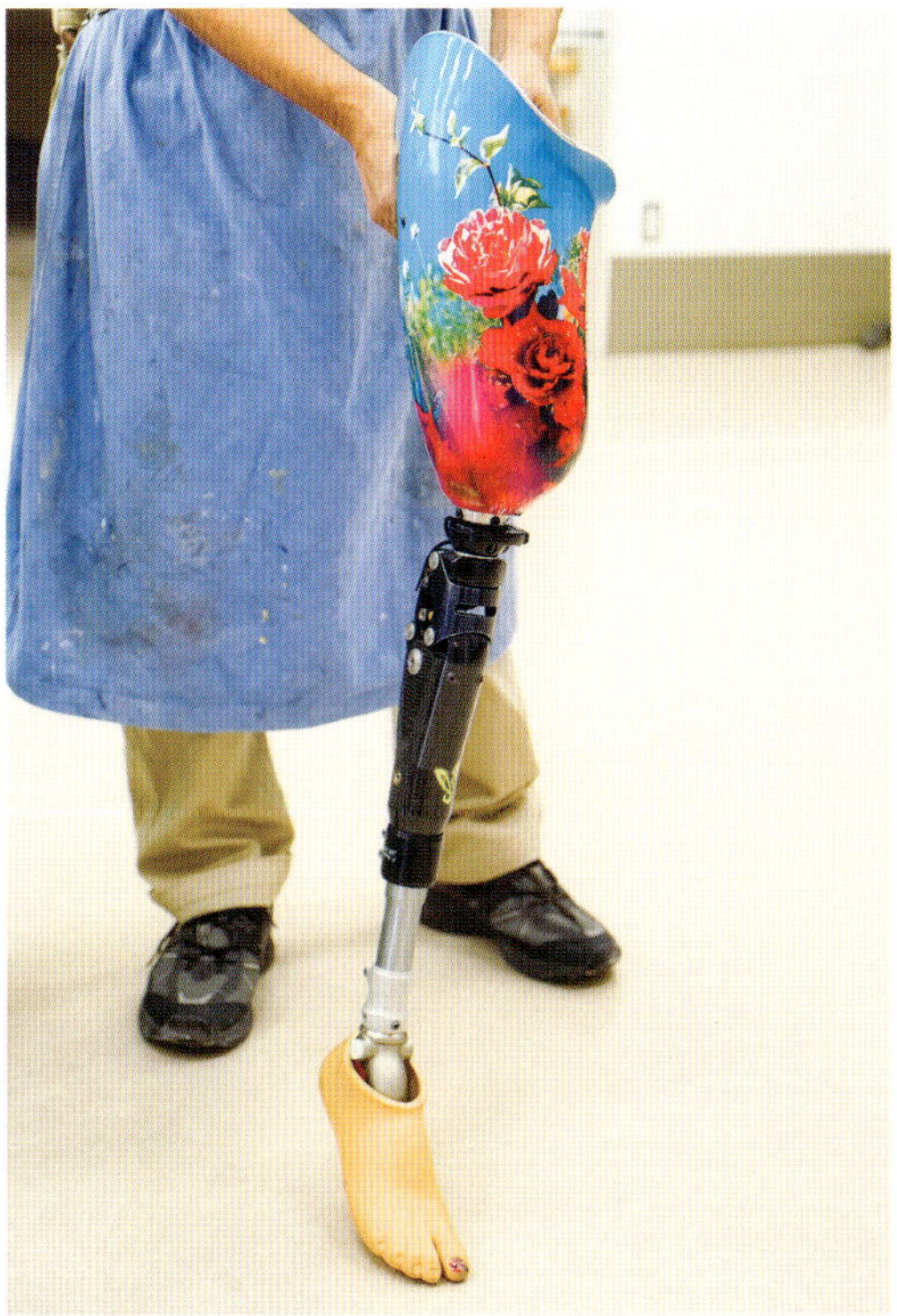

15:00 樹脂《じゅし》のカット・トリミング

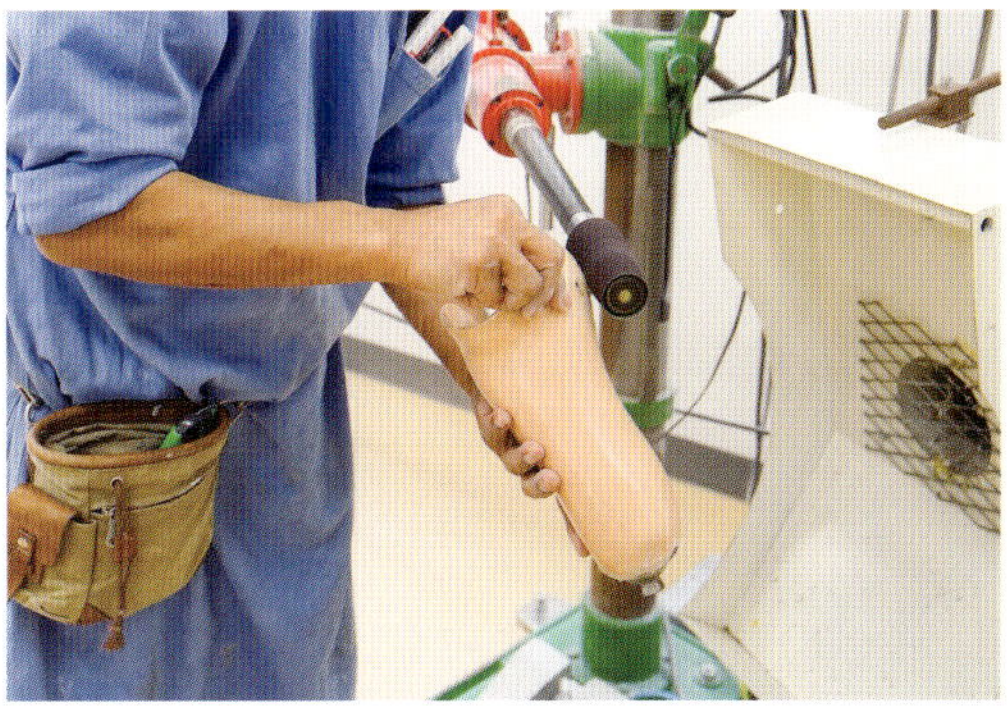

ソケットの樹脂《じゅし》が固《かた》まったら内側《うちがわ》の石膏《せっこう》モデルを取《と》り外《はず》し、切削室《せっさくしつ》にある研磨機《けんまき》で余《よ》計《けい》な部分《ぶぶん》を切《き》ったり削《けず》ったりして形《かたち》を整《ととの》えます。患者《かんじゃ》さんが足《あし》に痛《いた》みなど感《かん》じることのないよう、ソケットの端《はし》など足《あし》に直接《ちょくせつ》ふれる部分《ぶぶん》は特《とく》にていねいに仕上《しあ》げていきます。

これが終《お》わればソケットの完《かん》成《せい》です。

16:00 義足《ぎそく》の組《く》み立《た》て

患者《かんじゃ》さんの残《のこ》された足《あし》や身《しん》長《ちょう》のデータを元《もと》に、ちょうどよい長《なが》さの金属製《きんぞくせい》パイプをソケットに取《と》りつけます。義足《ぎそく》のすねにあたる部分《ぶぶん》です。その先《さき》に足首《あしくび》より下《した》にあたる足《そく》部《ぶ》という部品《ぶひん》を取《と》りつけます。足《あし》に直接触《ちょくせつふ》れるソケットの内《うち》側《がわ》にウレタンなどの柔《やわ》らかい素材《そざい》でできたソフトインサートという部品《ぶひん》を入《い》れ、義足《ぎそく》の組《く》み立《た》ては終了《しゅうりょう》です。

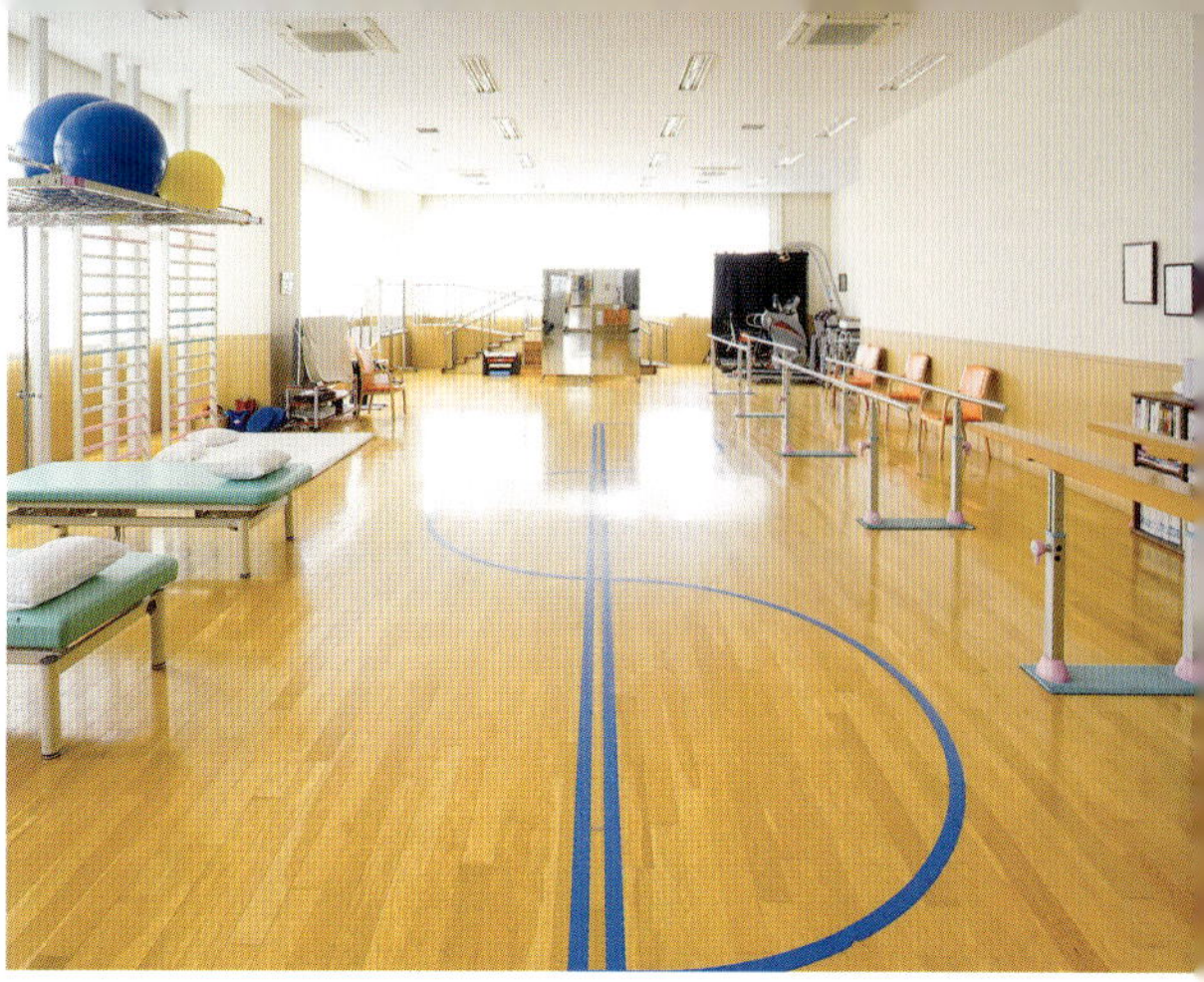

16:30 外装仕上《がいそうしあ》げ

骨組《ほねぐ》みにスポンジなどの素《そ》材《ざい》をかぶせ、外観《がいかん》を実際《じっさい》の足《あし》に似《に》せて整《ととの》えると義足《ぎそく》の完成《かんせい》です。義足《ぎそく》は患者《かんじゃ》さんの手《て》にわたり、歩行訓練《ほこうくんれん》などのリハビリ作業《さぎょう》が始《はじ》まります。

日《ひ》によっては患者《かんじゃ》さんがセンターに来《き》て、義足《ぎそく》の仮合《かりあ》わせをすることもあります。センター内《ない》のリハビリ室《しつ》で義足《ぎそく》を実際《じっさい》につけてもらい、歩《ある》き心地《ごこち》を試《ため》しながら関節《かんせつ》などの細《こま》かい部分《ぶぶん》を調整《ちょうせい》します。

17:00 事務作業《じむさぎょう》

最後《さいご》に書類作《しょるいづく》りや患者《かんじゃ》さんとの連絡《れんらく》といった作業《さぎょう》を行《おこな》い、一日《いちにち》の仕事《しごと》は終《お》わりです。忙《いそが》しいときは残業《ざんぎょう》する場合《ばあい》もあります。

時《とき》にはこんな仕事《しごと》も

スポーツ競技用《きょうぎよう》の
義足《ぎそく》も作《つく》り上《あ》げる

国際大会《こくさいたいかい》で戦《たたか》う義肢選手《ぎしせんしゅ》たちのサポート役《やく》として

義肢《ぎし》はふだんの生活用《せいかつよう》の他《ほか》にスポーツ用《よう》に作《つく》られたものもあり、競技会《きょうぎかい》も開《ひら》かれています。臼井《うすい》さんはその競技用《きょうぎよう》義肢《ぎし》も作《つく》っていて、さらに義《ぎ》肢選手《しせんしゅ》のためのスポーツクラブ「ヘルスエンジェルス」を組織《そしき》しています。そこからパラリンピックに出《で》た選手《せんしゅ》もいます。

臼井《うすい》さんはこれまで4回《かい》のパラリンピックに行《い》っていて、その間《あいだ》にもアジア大会《たいかい》・世界《せかい》選手権《せんしゅけん》などさまざまな大会《たいかい》に公式《こうしき》メンバーとして参加《さんか》しています。2014年《ねん》は韓国《かんこく》・仁川《インチョン》で開《ひら》かれたアジアパラリンピックに参加《さんか》しました。おもな仕事《しごと》は陸上義肢部門《りくじょうぎしぶもん》の選《せん》手《しゅ》たちの義足《ぎそく》のメンテナンスですが、現場《げんば》では他《ほか》の競技《きょうぎ》の選手《せんしゅ》が困《こま》ったときのサポートもしています。

臼井《うすい》さんに聞《き》いてみよう! Q&A

Q この仕事《しごと》の大変《たいへん》なところ、苦労《くろう》は何《なん》ですか?

A 義足《ぎそく》は一人《ひとり》ひとりの患者《かんじゃ》さんのために作《つく》るもので、足《あし》の状態《じょうたい》の他《ほか》に患者《かんじゃ》さんの性格《せいかく》も考《かんが》えなくてはいけません。できあがりは問題《もんだい》ないのになかなかOKを出《だ》してくれない人《ひと》もいれば、少《すこ》し足《あし》が痛《いた》むけれどもこれでいいと納得《なっとく》してくれる人《ひと》もいます。いろいろなタイプの人《ひと》と接《せっ》していかなければいけません。日《ひ》ごろから家族《かぞく》や友達《ともだち》とコミュニケーションをうまく取《と》れていないと、なかなか難《むずか》しい仕事《しごと》だと思《おも》います。

Q この仕事《しごと》の魅力《みりょく》、やりがいを教《おし》えてください

A 足《あし》を切断《せつだん》してベッドや車椅子《くるまいす》で生活《せいかつ》していた患者《かんじゃ》さんが歩《ある》けるようになると、その人《ひと》の人生《じんせい》が変《か》わるくらいの希望《きぼう》ができます。その患者《かんじゃ》さんといっしょに喜《よろこ》べることにやりがいを感《かん》じます。

それともうひとつ、義足《ぎそく》には同《おな》じものが二《ふた》つとありません。長《なが》さも大《おお》きさも全部違《ぜんぶちが》う、世界《せかい》で唯一《ゆいいつ》のものをうまく作《つく》らなくてはいけません。難《むずか》しいけれども工夫《くふう》してうまく作《つく》るところに、この仕事《しごと》の面白《おもしろ》さがあると思《おも》います。

Q なぜ義肢装具士《ぎしそうぐし》になろうと思《おも》ったのですか?

A 小学《しょうがく》6年生《ねんせい》のとき、担任《たんにん》の先生《せんせい》が骨肉腫《こつにくしゅ》という骨《ほね》のがんで長《なが》く休《やす》んで、学校《がっこう》に復帰《ふっき》してきたときは足《あし》を切断《せつだん》して義足《ぎそく》を使《つか》っていました。その姿《すがた》を見《み》ていて、大変《たいへん》だろうな、辛《つら》いだろうなと思《おも》ったことがとても強《つよ》く印象《いんしょう》に残《のこ》っています。

その後《ご》、仕事《しごと》を探《さが》すときに義肢《ぎし》装具士《そうぐし》という仕事《しごと》を知《し》って、それまで忘《わす》れていた先生《せんせい》のことを思《おも》い出《だ》しました。それがこの世界《せかい》に入《はい》るきっかけだったと思《おも》います。

Q 義肢装具士《ぎしそうぐし》になりたい人《ひと》にメッセージをお願《ねが》いします

A 患者《かんじゃ》さんと喜《よろこ》びをいっしょに体験《たいけん》できて、世界《せかい》にひとつしかないものを作《つく》れる。医療分野《いりょうぶんや》の中《なか》では数少《かずすく》ない、もの作《づく》りの面白《おもしろ》い現場《げんば》だと思《おも》います。大事《だいじ》なのはコミュニケーションと思《おも》いやり。どちらも想像力《そうぞうりょく》が必要《ひつよう》ですから、それを育《そだ》てていってください。

日本《にっぽん》はアジアの中《なか》で義足作《ぎそくづく》りが進《すす》んでいる国《くに》ですが、まだ発達《はったつ》していない国《くに》も多《おお》くあります。そういう人《ひと》たちの役《やく》に立《た》てるようになるといいと思《おも》います。

Q 義肢装具士《ぎしそうぐし》として自分《じぶん》なりに工夫《くふう》していることは何《なん》ですか?

A 相手《あいて》のことを考《かんが》えた義足作《ぎそくづく》りを心《こころ》がけています。患者《かんじゃ》さんと会《あ》ったときに、この人《ひと》は義足《ぎそく》を使《つか》ってどういう一日《いちにち》を送《おく》るのだろうと考《かんが》えます。技術的《ぎじゅつてき》なうまさを目指《めざ》す人《ひと》もいると思《おも》いますが、想像力《そうぞうりょく》をより大事《だいじ》に考《かんが》えています。

また、担当《たんとう》した患者《かんじゃ》さんとは普段《ふだん》から連絡《れんらく》を取《と》るようにしています。仕事《しごと》と別《べつ》の部分《ぶぶん》でも付《つ》き合《あ》えるように考《かんが》えていて、相手《あいて》をよく知《し》ることでよりよい義足《ぎそく》が作《つく》れると思《おも》います。

Q もっと子《こ》どもの頃《ころ》にしておけばよかったと思《おも》うことは?

A 英語《えいご》です。最近《さいきん》はインターネットなどで海外《かいがい》の人《ひと》とつながる機会《きかい》もでき、外国《がいこく》で義足《ぎそく》を作《つく》っている人《ひと》から友達申請《ともだちしんせい》が来《く》ることがあります。そこで知《し》り合《あ》いにはなれるけれども、言葉《ことば》が通《つう》じないとその先《さき》のつきあいがうまくいきません。英語《えいご》が使《つか》えれば新《あたら》しい技術《ぎじゅつ》の情報《じょうほう》もすぐに手《て》に入《はい》るし、外国《がいこく》で義足《ぎそく》を必要《ひつよう》としている人《ひと》の手助《てだす》けもできます。仕事《しごと》についてからというより、ここ何年《なんねん》かで強《つよ》く思《おも》うようになりました。

義《ぎ》肢《し》装《そう》具《ぐ》士《し》の仕《し》事《ごと》場《ば》

臼井《うすい》さんの勤《つと》める義肢装具《ぎしそうぐ》サポートセンターの作業用《さぎょうよう》フロア。
患者《かんじゃ》さんによりよい義肢《ぎし》を渡《わた》せるように、さまざまな工夫《くふう》で作《つく》られています。

切削室《せっさくしつ》

ソケットや外装《がいそう》の仕《し》上《あ》げに

大型《おおがた》の研磨機《けんまき》が何台《なんだい》も置《お》いてあります。患《かん》者《じゃ》さんの足《あし》に負担《ふたん》のかからないよう、ソケットの断面《だんめん》がなめらかになるようていねいに削《けず》ります。外装《がいそう》の表面《ひょうめん》もここで削《けず》り、患《かん》者《じゃ》さんのもう片方《かたほう》の残《のこ》された足《あし》と同《おな》じ形《かたち》に整《ととの》えます。

樹脂注型室《じゅしちゅうけいしつ》

ソケット作《づく》りの重要《じゅうよう》な場所《ばしょ》

石膏《せっこう》モデルを台《だい》に取《と》りつけて表面《ひょうめん》にビニールをかぶせ、コンプレッサー（圧縮機《あっしゅくき》）でビニールの内側《うちがわ》の気圧《きあつ》を下《さ》げ、モデルの表《ひょう》面《めん》に樹脂《じゅし》を流《なが》し込《こ》みます。こうして固《かた》めればソケットのできあがりです。

共同作業台《きょうどうさぎょうだい》

みんなの作業場所《さぎょうばしょ》

センターの義肢装具士《ぎしそうぐし》が共同《きょうどう》で使《つか》える作業《さぎょう》台《だい》で、作《つく》りかけの義足《ぎそく》が並《なら》んでいます。組《く》み立《た》て作業《さぎょう》はここで行《おこな》うことが多《おお》く、義足《ぎそく》を固定《こてい》するための万力《まんりき》が取《と》りつけられています。

個人机《こじんづくえ》

臼井《うすい》さんの個人机《こじんづくえ》

ここでは作業《さぎょう》することはあまりなく、作《つく》りかけの義足《ぎそく》、工具《こうぐ》、荷物《にもつ》の置《お》き場《ば》になっています。机《つくえ》の中《なか》にはさまざまなサイズののこぎりやレンチなど、普段《ふだん》は使《つか》わない種類《しゅるい》の工具《こうぐ》がたくさん入《はい》っています。

石膏成型室《せっこうせいけいしつ》

石膏成型室《せっこうせいけいしつ》

石膏《せっこう》を使《つか》ってモデルを作《つく》る

患者《かんじゃ》さんの足《あし》から取《と》った型《かた》に石膏《せっこう》を流《なが》し入《い》れ、足《あし》のモデルを作《つく》る部屋《へや》です。義足作《ぎそくづく》りの技術《ぎじゅつ》が進《すす》んだドイツの作業場《さぎょうば》を参考《さんこう》に設《せっ》計《けい》されました。

オーブン

プラスチック製《せい》義足作《ぎそくづく》りに

義足《ぎそく》の作《つく》り方《かた》にはさまざまな方法《ほうほう》があり、熱《ねっ》したプラスチックの板《いた》を曲《ま》げて作《つく》ったりもします。このオーブンでプラスチックの板《いた》に熱《ねつ》を加《くわ》え、やわらかくなったところでモデルに合《あ》わせて曲《ま》げて作《つく》るのです。

天井《てんじょう》

作業《さぎょう》する人《ひと》のことも考《かんが》えた造《つく》り

石膏《せっこう》の粉《こな》を大量《たいりょう》に吸《す》うと肺《はい》を痛《いた》めることがあるため、ほこりが舞《ま》わないよう天井《てんじょう》が高《たか》く作《つく》られています。

作業台《さぎょうだい》

ドイツ製《せい》の共同作業台《きょうどうさぎょうだい》

八角形《はっかくけい》をしていて、何人《なんにん》も同時《どうじ》に作業《さぎょう》できるように設計《せっけい》されています。作業《さぎょう》で出《で》た石《せっ》膏《こう》のくずなどを落《お》とせるよう、中央《ちゅうおう》の穴《あな》の下《した》にはバケツを置《お》いてあります。

流《なが》し台《だい》

パイプが詰《つ》まらない工夫《くふう》

排水口《はいすいこう》が上《うえ》に少《すこ》し出《で》た形《かたち》になっています。石膏《せっこう》で排水管《はいすいかん》が詰《つ》まることのないように、流《なが》し台《だい》に水《みず》がたまって高《たか》い位置《いち》に来《こ》ないと流《なが》れないようになっています。

部品《ぶひん》ストック棚《だな》

整理整頓《せいりせいとん》はいつでも欠《か》かさず

義肢義足《ぎしぎそく》も長年《ながねん》の使用《しよう》によって、修復《しゅうふく》が必《ひつ》要《よう》となります。このケースには、交換用《こうかんよう》のパーツや修復《しゅうふく》が必要《ひつよう》なパーツなどがまとめて入《い》れられています。

臼井《うすい》さんこだわりの7つ道具《どうぐ》

どんな場所《ばしょ》でも確実《かくじつ》に作業《さぎょう》ができるよう、
いつでも身《み》につけている臼井《うすい》さんの作業道具《さぎょうどうぐ》。
しっかりとしたもの作《づく》りのための
大事《だいじ》な道具《どうぐ》の数々《かずかず》です。

▼カッター

カットから調整《ちょうせい》まで、何《なん》でも使《つか》います

石膏包帯《せっこうほうたい》を切《き》ったり、出張先《しゅっちょうさき》で義《ぎ》足《そく》を削《けず》ったりするときに使《つか》います。いろいろなものを切《き》るために刃《は》が悪《わる》くなるのも速《はや》く、2週間《しゅうかん》くらいで1本《ほん》を使《つか》い切《き》ってしまいます。

◀ペンケース

いつも胸《むね》ポケットに

仕事《しごと》でさまざまな種類《しゅるい》のペンを使《つか》います。石膏《せっこう》の型《かた》に書《か》き込《こ》むためのコピーペン、金属《きんぞく》に書《か》き込《こ》むための油性《ゆせい》ペン、書類《しょるい》を書《か》くときのボールペンなど、よく使《つか》う種類《しゅるい》のものがひと通《とお》りそろっています。ハサミや小《ちい》さなドライバーも入《はい》っています。臼井《うすい》さん手作《てづく》りの一品《いっぴん》で、前《まえ》かがみになっても胸《むね》から落《お》ちないよう革《かわ》でできています。

▼組《くみ》レンチ

どんな種類《しゅるい》のねじも回《まわ》せる

義足《ぎそく》の組《く》み立《た》てに使《つか》う六角《ろっかく》レンチです。これひとつで2ミリから10ミリの太《ふと》さのねじを回《まわ》せます。持《も》ち運《はこ》びが便利《べんり》で使《つか》いやすく、ほとんどの義足《ぎそく》はこのレンチで組《く》み上《あ》げることができます。

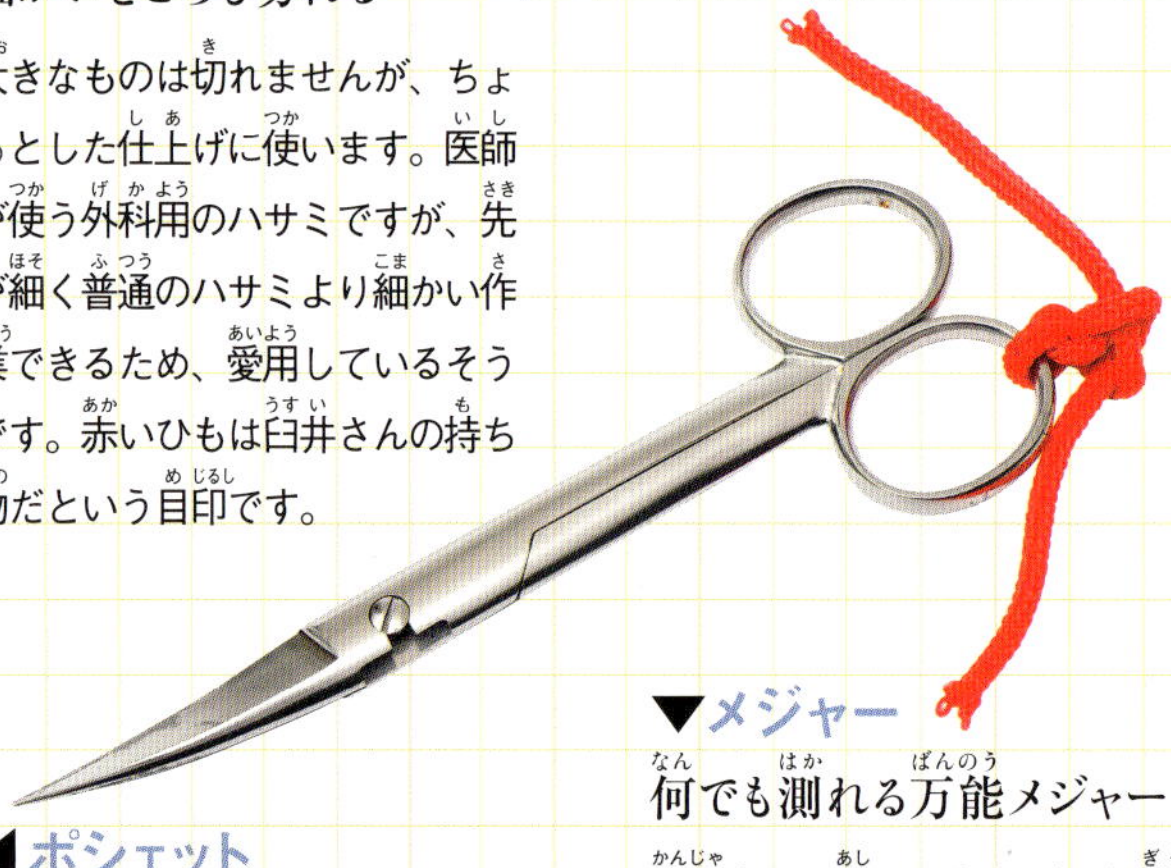

▶外科《げか》ハサミ

細《こま》かいところも切《き》れる

大《おお》きなものは切《き》れませんが、ちょっとした仕上《しあ》げに使《つか》います。医師《いし》が使《つか》う外科用《げかよう》のハサミですが、先《さき》が細《ほそ》く普通《ふつう》のハサミより細《こま》かい作《さ》業《ぎょう》できるため、愛用《あいよう》しているそうです。赤《あか》いひもは臼井《うすい》さんの持《も》ち物《もの》だという目印《めじるし》です。

◀ポシェット

どこでも作業《さぎょう》をするために

臼井《うすい》さんの作業場所《さぎょうばしょ》は出張先《しゅっちょうさき》の病《びょう》院《いん》、作業室《さぎょうしつ》、リハビリ室《しつ》などさまざま。いつどこでも作業《さぎょう》ができるよう、腰《こし》にこのポシェットをつけて必要《ひつよう》な工具《こうぐ》を持《も》ち歩《ある》いています。

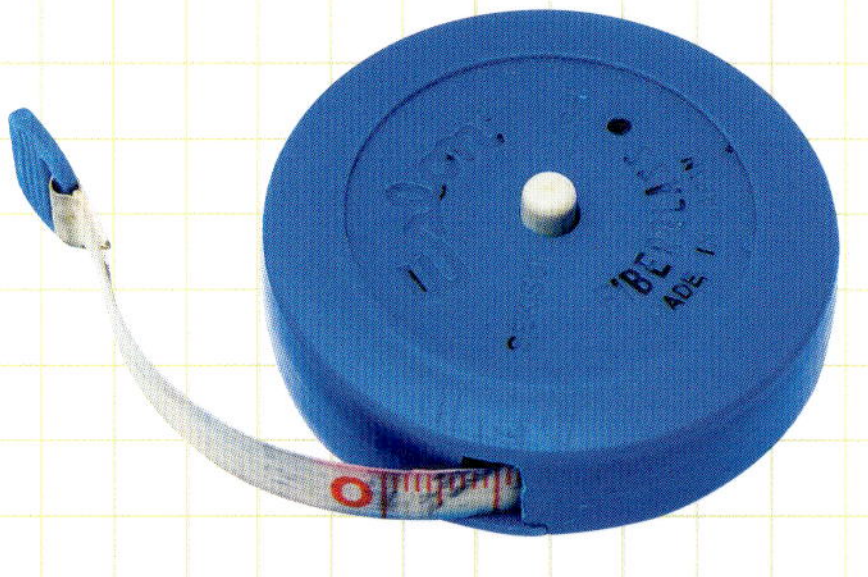

▼メジャー

何《なん》でも測《はか》れる万能《ばんのう》メジャー

患者《かんじゃ》さんの足《あし》やできあがった義足《ぎそく》のサイズなどさまざまなものを測《はか》る、1メートルの裁縫用《さいほうよう》メジャーです。長《なが》さを測《はか》るにはいろいろな種類《しゅるい》の器具《きぐ》がありますが、準備《じゅんび》の手間《てま》を省《はぶ》くためにだいたいのものはこれで測《はか》ります。

▼デジタルカメラ

患者《かんじゃ》さんから義足《ぎそく》まで記録《きろく》

義足作《ぎそくづく》りの参考《さんこう》に患者《かんじゃ》さんの足《あし》を撮影《さつえい》したり、義足《ぎそく》を撮影《さつえい》して完成《かんせい》品《ひん》を見《み》てもらったりと、いろいろな場面《ばめん》で活躍《かつやく》するカメラです。いい義足《ぎそく》ほど患者《かんじゃ》さんが使《つか》ってくれて壊《こわ》れてしまうため、義足《ぎそく》を記録《きろく》するために使《つか》うこともあります。時《とき》には競技会《きょうぎかい》の記念写真《きねんしゃしん》を撮《と》ることも。

義肢装具士《ぎしそうぐし》ってどうしたらなれるの?

中学《ちゅうがく》3年《ねん》 15歳《さい》

↓

高校《こうこう》3年《ねん》 18歳《さい》

↓

大学《だいがく》・専門学校《せんもんがっこう》 最低《さいてい》3年《ねん》 21歳《さい》

義肢装具士《ぎしそうぐし》は国家資格《こっかしかく》のため、試験《しけん》に合格《ごうかく》しなくてはいけません。
受験《じゅけん》には専門《せんもん》の教育機関《きょういくきかん》*1で3年《ねん》以上《いじょう》の勉強《べんきょう》が必要《ひつよう》です。
2015年現在《ねんげんざい》、義肢装具士《ぎしそうぐし》の養成課程《ようせいかてい》を持《も》つ短大《たんだい》はありません。

↓

義肢装具士試験《ぎしそうぐししけん》

義肢装具士《ぎしそうくし》*2試験《しけん》は年《ねん》に1回《かい》、東京《とうきょう》で開《ひら》かれます。
試験《しけん》の内容《ないよう》は筆記《ひっき》のみで、実技試験《じつぎしけん》はありません。
リハビリ技術《ぎじゅつ》の進歩《しんぽ》を受《う》けて、受験者《じゅけんしゃ》の数《かず》は過去《かこ》20年間《ねんかん》で5倍《ばい》になっています。

↓

義肢装具士《ぎしそうぐし》

おもな就職先《しゅうしょくさき》は義肢装具《ぎしそうぐ》の製作会社《せいさくがいしゃ》で、現場《げんば》で義肢装具《ぎしそうぐ》を作《つく》る経験《けいけん》を積《つ》み、技術《ぎじゅつ》を磨《みが》く努力《どりょく》を続《つづ》けます。
中《なか》にはNPO活動《かつどう》で海外《かいがい》の紛争地《ふんそうち》で義足作《ぎそくづく》りに取《と》り組《く》む人《ひと》、
臼井《うすい》さんのように競技用《きょうぎよう》義肢《ぎし》を作《つく》る人《ひと》などもいます。

＊1 教育機関《きょういくきかん》

義肢装具士《ぎしそうぐし》の養成課程《ようせいかてい》がある学校《がっこう》は全国《ぜんこく》で10校程度《こうていど》。ほとんどが福祉系《ふくしけい》の学科《がっか》です。学校《がっこう》で義肢義足《ぎしぎそく》の作《つく》り方《かた》や医療《いりょう》の知識《ちしき》を学《まな》ぶことができます。実習《じっしゅう》で実際《じっさい》に義足《ぎそく》を製作《せいさく》することもあります。

＊2 義肢装具士《ぎしそうぐし》

医師《いし》の指示《しじ》のもとで義肢装具《ぎしそうぐ》を作《つく》ることのできる専門職《せんもんしょく》です。患者《かんじゃ》さんに義肢《ぎし》を作《つく》る技術《ぎじゅつ》だけでなく、人間《にんげん》の体《からだ》の作《つく》りやリハビリについてなど、医学《いがく》についての専門知識《せんもんちしき》も必要《ひつよう》です。

平均給与月額《へいきんきゅうよげつがく》

35万《まん》0,000円《えん》

推定平均年収《すいていへいきんねんしゅう》

420万円《まんえん》

お給料《きゅうりょう》っていくら?

義肢装具士《ぎしそうぐし》の勤《つと》め先《さき》は義肢装具《ぎしそうぐ》の製作会《せいさくがい》社《しゃ》が大半《たいはん》です。小《しょう》〜中規模《ちゅうきぼ》の会社《かいしゃ》が多《おお》く、会社《かいしゃ》によってお給料《きゅうりょう》にさまざまな違《ちが》いが出《で》てきます。よい義肢《ぎし》を作《つく》れるようになると、そのぶんお給料《きゅうりょう》もアップします。

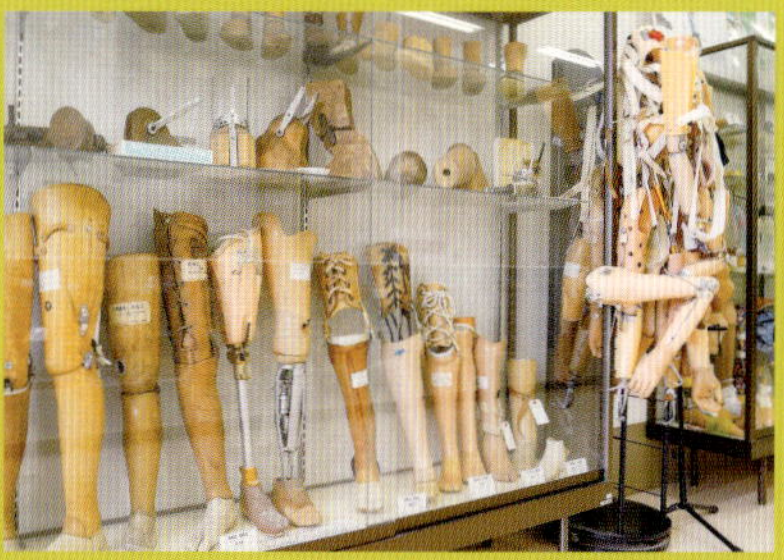

＊編集部調《へんしゅうぶしら》べ。ただし、勤務先《きんむさき》、経験年数《けいけんねんすう》、雇用形態《こようけいたい》などにより大《おお》きく異《こと》なります。

File:04
医療に関わる仕事

創薬研究者《そうやくけんきゅうしゃ》ってどんな仕事《しごと》？

東京薬科大学《とうきょうやっかだいがく》 薬学部教授《やくがくぶきょうじゅ》
林《はやし》 良雄《よしお》さん

医療《いりょう》の進歩《しんぽ》を支《ささ》える研究者《けんきゅうしゃ》

創薬研究者《そうやくけんきゅうしゃ》はその名《な》のとおり、新《あたら》しい薬《くすり》を開発《かいはつ》する研究者《けんきゅうしゃ》です。主《おも》な仕事場《しごとば》は製薬会社《せいやくがいしゃ》や大学《だいがく》など。林先生《はやしせんせい》も大学《だいがく》教授《きょうじゅ》として創薬研究《そうやくけんきゅう》と学生指導《がくせいしどう》の両方《りょうほう》に関《かか》わっています。

薬《くすり》が製品《せいひん》になるまでには病気《びょうき》に効《き》く化学物質《かがくぶっしつ》を探《さが》し、効果《こうか》や安全性《あんぜんせい》の確認《かくにん》など、10年《ねん》近《ちか》くかけて国《くに》の審査《しんさ》をクリアしないといけません。作《つく》り出《だ》された化学物質《かがくぶっしつ》のうち、薬《くすり》として世《よ》の中《なか》に出《で》るのは2万個《まんこ》に1個《こ》という世界《せかい》ですが、病気《びょうき》を治《なお》すため創薬研究者《そうやくけんきゅうしゃ》たちは仕事《しごと》を続《つづ》けています。

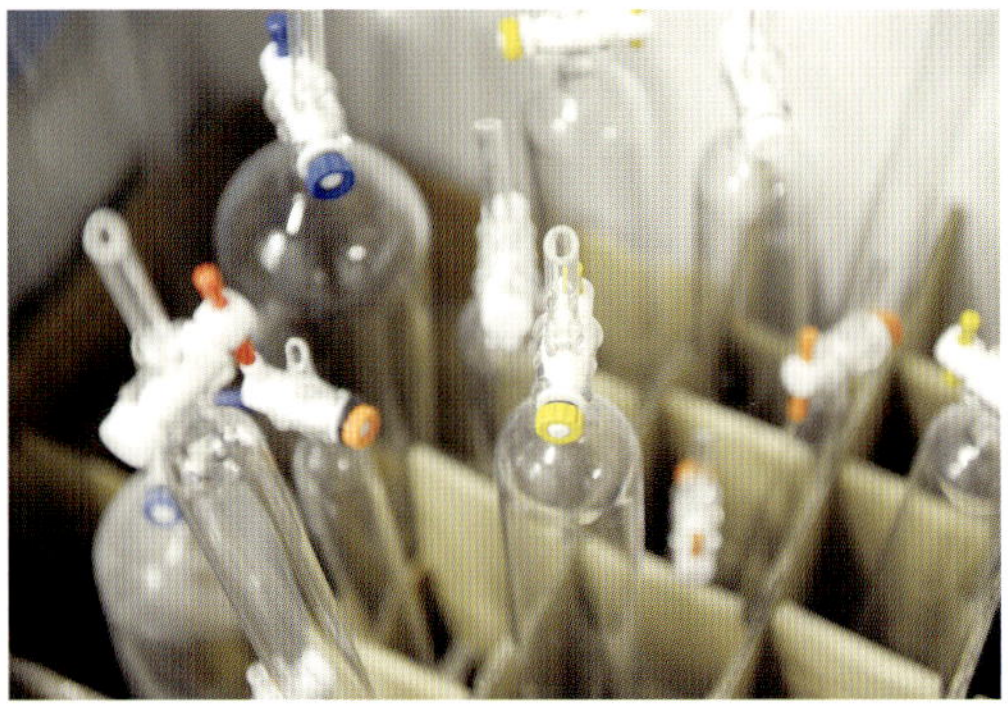

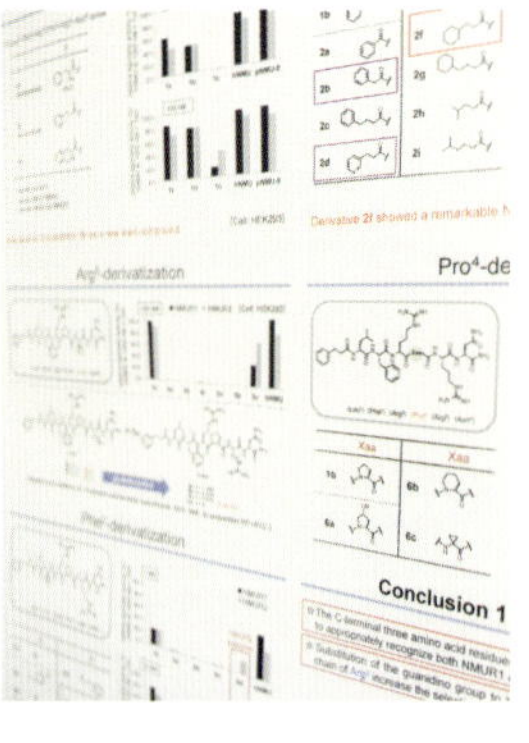

新《あら》たな化学物質《かがくぶっしつ》を探《さが》して

林《はやし》さんの専門《せんもん》は生物《せいぶつ》の体《からだ》を形作《かたちづく》る化学物質《かがくぶっしつ》を扱《あつか》う有機化学《ゆうきかがく》。人体《じんたい》の細胞《さいぼう》などに直接働《ちょくせつはたら》きかける化学物質《かがくぶっしつ》を人工的《じんこうてき》に作《つく》り出《だ》し、薬《くすり》として役立《やくだ》てようとしています。

テーマにしているのは患者《かんじゃ》の数《かず》が少《すく》なく治療方法《ちりょうほうほう》が発見《はっけん》されていない難病《なんびょう》の薬《くすり》です。製薬企業《せいやくきぎょう》では多《おお》くの患者《かんじゃ》さんが必要《ひつよう》とする薬《くすり》を優先《ゆうせん》するため、あまり扱《あつか》っていない分野《ぶんや》です。困《こま》っている患者《かんじゃ》さんのために、大学《だいがく》だからこそできる創薬研究《そうやくけんきゅう》を目指《めざ》しています。

林《はやし》さんの一日《いちにち》

08:30 登校《とうこう》

08:40 講義《こうぎ》準備《じゅんび》、事務《じむ》作業《さぎょう》

09:10 講義《こうぎ》

13:00 昼食《ちゅうしょく》

14:00 論文執筆《ろんぶんしっぴつ》

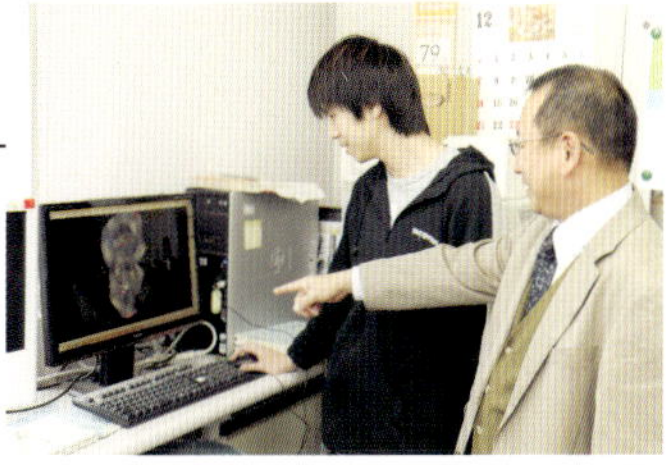

15:20 研究指導《けんきゅうしどう》(データ解析《かいせき》)

16:00 実験室《じっけんしつ》見回《みまわ》り

18:00 研究指導《けんきゅうしどう》
(ディスカッション)

20:00 学会発表《がっかいはっぴょう》の準備《じゅんび》

23:00 帰宅《きたく》

創薬研究者《そうやくけんきゅうしゃ》の仕事《しごと》

08:40 講義準備《こうぎじゅんび》、事務作業《じむさぎょう》

大学《だいがく》に登校《とうこう》して最初《さいしょ》に取《と》りかかるのは講義《こうぎ》の準備《じゅんび》。自分《じぶん》の研究室《けんきゅうしつ》で資料《しりょう》のスライドなどを入《い》れたパソコンと教科書《きょうかしょ》をカバンに詰《つ》め、教室《きょうしつ》へと向《む》かいます。

また、林先生《はやしせんせい》は海外《かいがい》の企業《きぎょう》や研究者《けんきゅうしゃ》と共同研究《きょうどうけんきゅう》を行《おこな》っています。夜《よる》の間《あいだ》に海外《かいがい》から重要《じゅうよう》な連絡《れんらく》が来《き》ていることもあるため、メールチェックなどの事務作業《じむさぎょう》も毎朝《まいあさ》欠《か》かせない仕事《しごと》です。

09:10 講義《こうぎ》

学生《がくせい》たちを相手《あいて》に講義《こうぎ》の時間《じかん》です。現在《げんざい》は2年生《ねんせい》から5年生《ねんせい》までを相手《あいて》に有機化学《ゆうきかがく》を講義《こうぎ》していて、日《ひ》によっては午後遅《ごごおそ》くまで講義《こうぎ》を行《おこな》うこともあります。

この日《ひ》のテーマは生《い》き物《もの》の設計図《せっけいず》である遺伝子《いでんし》について。林先生《はやしせんせい》は、ただ教科書《きょうかしょ》の内容《ないよう》を伝《つた》えるだけでなく、研究者《けんきゅうしゃ》として化学《かがく》の世界《せかい》にどんな面白《おもしろ》さや夢《ゆめ》が詰《つ》まっているか、学生《がくせい》たちに伝《つた》えていきたいといいます。

13:00 昼食《ちゅうしょく》

講義《こうぎ》が終《お》わると研究室《けんきゅうしつ》に戻《もど》って昼食《ちゅうしょく》の時間《じかん》です。学生《がくせい》から質問《しつもん》や相談《そうだん》があるとすぐ部屋《へや》に戻《もど》れないこともあります。しっかり対応《たいおう》をするので、事務作業《じむさぎょう》などをしながらの昼食《ちゅうしょく》になることも多《おお》いそうです。

14:00 論文執筆《ろんぶんしっぴつ》

研究《けんきゅう》の成果《せいか》を発表《はっぴょう》するために学術論文《がくじゅつろんぶん》を書《か》くのも仕事《しごと》のひとつ。理科系《りかけい》の論文《ろんぶん》は全世《ぜんせ》界《かい》で研究結果《けんきゅうけっか》を共有《きょうゆう》できるように、英語《えいご》で書《か》くのが基本《きほん》です。時《とき》には論文《ろんぶん》の内容《ないよう》から、他《ほか》の研究者《けんきゅうしゃ》や海外《かいがい》の製薬企業《せいやくきぎょう》との共同研究《きょうどうけんきゅう》に発展《はってん》することもあります。

たくさんの資料《しりょう》を参照《さんしょう》しながら書《か》けるよう、モニターを2台並《だいなら》べて使用《しよう》しています。

15:20 研究指導《けんきゅうしどう》（データ解析《かいせき》）

東京薬科大学《とうきょうやっかだいがく》では3年生《ねんせい》の12月《がつ》から6年生《ねんせい》の卒業《そつぎょう》まで、学生《がくせい》は研究室《けんきゅうしつ》に所属《しょぞく》して、それぞれのテーマに沿《そ》った専門《せんもん》的《てき》な研究《けんきゅう》に参加《さんか》します。林先《はやしせん》生《せい》が主催《しゅさい》する薬品化学教室《やくひんかがくきょうしつ》にもおよそ30人《にん》の学生《がくせい》が所属《しょぞく》しています。

その学生《がくせい》たちが持《も》ち寄《よ》った実験結果《じっけんけっか》のデータを分析《ぶんせき》し、次《つぎ》にどのような化学物質《かがくぶっしつ》を作《つく》り、どんな実験《じっけん》を行《おこな》うか指導《しどう》します。

MOEという専用《せんよう》ソフトを使《つか》って、化学物質《かがくぶっしつ》の分子《ぶんし》が体《たい》内《ない》のたんぱく質《しつ》にどう作用《さよう》するかをシミュレーションすることもあります。

16:00 実験室見回《じっけんしつみまわ》り

実験室《じっけんしつ》では学生《がくせい》たちがさまざまな研究器具《けんきゅうきぐ》や機器《きき》を使《つか》い、新薬開発《しんやくかいはつ》のための実験《じっけん》をしています。実験室《じっけんしつ》を回《まわ》り、ちゃんと実験《じっけん》の成果《せいか》が出《で》ているか、安全が管理されているかを確《かく》認《にん》するのも林先生《はやしせんせい》の仕事《しごと》です。

実験《じっけん》の内容《ないよう》は物質作《ぶっしつづく》りから化合物《かごうぶつ》の薬《くすり》としての効果《こうか》の測《そく》定《てい》までさまざまです。非常《ひじょう》に強《つよ》い磁力《じりょく》で分子《ぶんし》の化学構造《かがくこうぞう》を測定《そくてい》する核磁気共鳴装置《かくじききょうめいそうち》（左《ひだり》の写真《しゃしん》）という装置《そうち》もあります。この装置《そうち》はとても強《つよ》い磁《じ》力《りょく》を出《だ》すため、測定室《そくていしつ》に入《はい》るときには携帯電話《けいたいでんわ》や銀行《ぎんこう》の磁《じ》気《き》カードが持《も》ち込《こ》めないほどで、取《と》り扱《あつか》いにも非常《ひじょう》に気《き》を使《つか》っています。

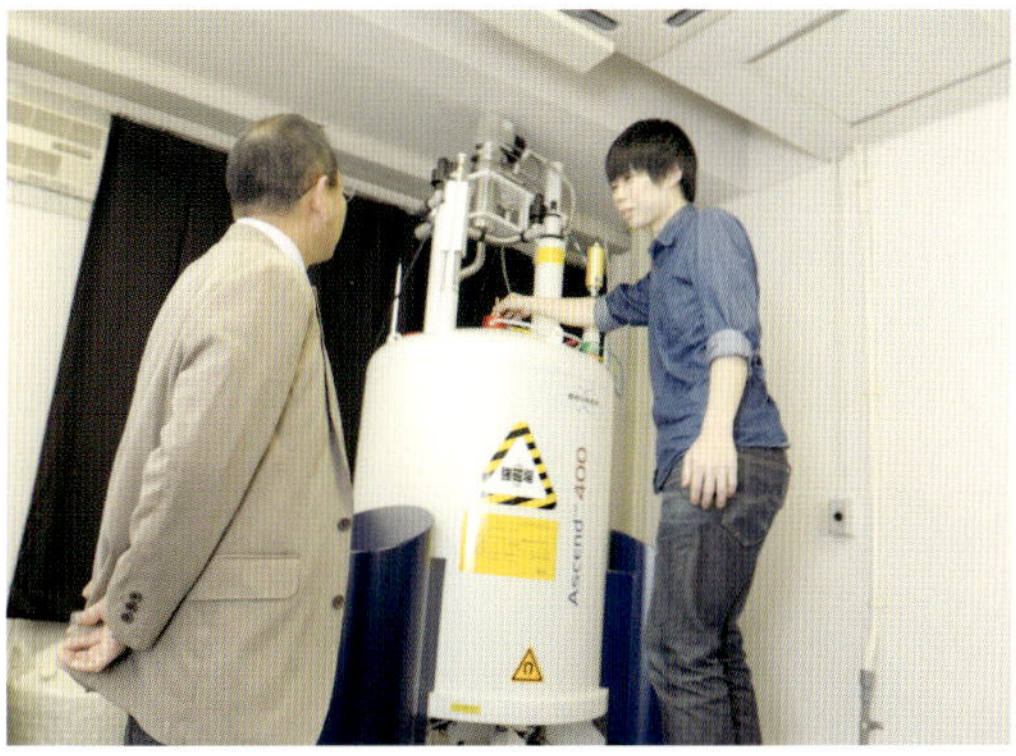

18:00

研究指導《けんきゅうしどう》（ディスカッション）

林先生《はやしせんせい》を中心《ちゅうしん》に学生《がくせい》が何人《なんにん》も集《あつ》まり、研究《けんきゅう》についての討論会《とうろんかい》を行《おこな》います。分子構造《ぶんしこうぞう》のモデルや研究結果《けんきゅうけっか》を見《み》ながら指導《しどう》します。

林先生《はやしせんせい》の考《かんが》えた理論《りろん》をもとに実験《じっけん》をするのは学生《がくせい》たちの役目《やくめ》です。彼《かれ》らスタッフがいるからこそ研究《けんきゅう》を進《すす》めることができると林先生《はやしせんせい》はいいます。自分《じぶん》のもとから優秀《ゆうしゅう》な研究者《けんきゅうしゃ》が育《そだ》ってほしいし、実際《じっさい》に育《そだ》ってきているそうです。

20:00

学会発表《がっかいはっぴょう》の準備《じゅんび》

同《おな》じ分野《ぶんや》の研究者《けんきゅうしゃ》が集《あつ》まり、研究《けんきゅう》について協力《きょうりょく》や意見交換《いけんこうかん》をするのが学会《がっかい》という組織《そしき》の役割《やくわり》です。その学会《がっかい》で発表《はっぴょう》があるときには、講演用《こうえんよう》のスライドを準備《じゅんび》して発表《はっぴょう》に備《そな》えます。学会発表《がっかいはっぴょう》では講演形式《こうえんけいしき》だけでなく、研究成果《けんきゅうせいか》を大《おお》きなポスターにして発表《はっぴょう》することもあり、その準備《じゅんび》も進《すす》めます。

こうして毎日熱心《まいにちねっしん》に研究《けんきゅう》や指導《しどう》を進《すす》めているため、帰宅《きたく》するのは夜《よる》の11時《じ》ごろになります。

時《とき》にはこんな仕事《しごと》も

海外《かいがい》でも研究成果《けんきゅうせいか》を発表《はっぴょう》

国際的《こくさいてき》な研究活動《けんきゅうかつどう》

学会《がっかい》は国内《こくない》だけではなく、海外《かいがい》でも開《ひら》かれます。世界中《せかいじゅう》の創薬研究者《そうやくけんきゅうしゃ》が集《あつ》まる国際学会《こくさいがっかい》です。林先生《はやしせんせい》も年《ねん》に3~4回《かい》、アメリカなど世界各地《せかいかくち》で開《ひら》かれる学会《がっかい》に参加《さんか》し、各国《かっこく》の研究者《けんきゅうしゃ》の前《まえ》で研究《けんきゅう》を発表《はっぴょう》し、積極的《せっきょくてき》な意見交換《いけんこうかん》をしています。また、ここでの発表《はっぴょう》から海外《かいがい》の研究者《けんきゅうしゃ》や製薬会社《せいやくがいしゃ》との共同《きょうどう》プロジェクトに発展《はってん》することもあります。

国際学会《こくさいがっかい》で使《つか》われる言語《げんご》は英語《えいご》で、発表《はっぴょう》や質疑応答《しつぎおうとう》もすべて英語《えいご》でこなさなくてはいけません。

コミュニケーションのための英語《えいご》

実《じつ》は英語《えいご》があまり得意《とくい》ではなく、以前《いぜん》は苦手意識《にがていしき》を持《も》っていたと林先生《はやしせんせい》はいいます。正《ただ》しくきれいな英語《えいご》を話《はな》さなくてはいけないという思《おも》いがあり、そのためにかえって発言《はつげん》が少《すく》なくなっていた時期《じき》があるそうです。

それが海外《かいがい》の研究者《けんきゅうしゃ》と何人《なんにん》も会《あ》ううちに、実《じつ》は完璧《かんぺき》な英語《えいご》を話《はな》している人《ひと》はほとんどいないことに気《き》がついたそうです。今《いま》では英語《えいご》もコミュニケーションの道具《どうぐ》だと考《かんが》えるようになり、自分《じぶん》からも積極的《せっきょくてき》に発言《はつげん》を行《おこな》うようにしています。

林《はやし》さんに聞《き》いてみよう! Q&A

Q この仕事《しごと》の大変《たいへん》なところ、苦労《くろう》は何《なん》ですか?

A 競争《きょうそう》があることです。薬《くすり》を創《つく》るには新《あたら》しい発見《はっけん》が必要《ひつよう》なんですが、発見《はっけん》というのは最初《さいしょ》にやった人《ひと》だけが認《みと》められます。海外《かいがい》の研究者《けんきゅうしゃ》とも競争《きょうそう》で、その中《なか》でいい結果《けっか》を出《だ》すためにうまく研《けん》究《きゅう》を進《すす》めていくのが大変《たいへん》です。

思《おも》うように研究《けんきゅう》が進《すす》まないときは辛《つら》いですね。予想《よそう》が外《はず》れることも多《おお》いんです。思《おも》ったような物質《ぶっしつ》が作《つく》れなかったり、データが取《と》れなかったりします。逆《ぎゃく》にそれが思《おも》い通《とお》りにいくとうれしいです。

Q 子《こ》どもの頃《ころ》の体験《たいけん》で、今役《いまやく》に立《た》っていることは何《なん》ですか?

A 長野《ながの》の小《ちい》さな町《まち》の出身《しゅっしん》なのですが、自然《しぜん》の多《おお》い環境《かんきょう》で育《そだ》ったのが大《おお》きいかもしれません。子《こ》どもの頃《ころ》はいつも近所《きんじょ》の川《かわ》にいて、珍《めずら》しい石《いし》とか石《いし》の下《した》にいる虫《むし》とかをずっと探《さが》していました。野《の》山《やま》を駆《か》け回《まわ》って、動物《どうぶつ》とか山《やま》とか石《いし》とか川《かわ》とか、いろんなものに興《きょう》味《み》を持《も》っていました。そうしているうちに物《もの》はどういう風《ふう》にできているんだろうと気《き》になってきて、理科全般《りかぜんぱん》に対《たい》する興味《きょうみ》につながっていきました。

Q なぜ創薬研究者《そうやくけんきゅうしゃ》になろうと思《おも》ったのですか?

A 小学生《しょうがくせい》の頃《ころ》、理科《りか》の実験《じっけん》が大好《だいす》きでした。実験《じっけん》で使《つか》うガラス器具《きぐ》がかっこよくて、自分《じぶん》のものが欲《ほ》しくなったんです。昔《むかし》は町《まち》の薬局《やっきょく》でフラスコなどを売《う》っていて、近所《きんじょ》の薬局《やっきょく》を回《まわ》っては値《ね》切《ぎ》って買《か》い集《あつ》めて、自分《じぶん》で蒸留実《じょうりゅうじっ》験《けん》などをしていました。薬局《やっきょく》の人《ひと》たちも面白《おもしろ》がって、さびた薬《やく》さじを磨《みが》いてくれたりしました。小《ちい》さい頃《ころ》から薬局《やっきょく》を回《まわ》っていたので、化学《かがく》=薬《くすり》という考《かんが》えができて、薬《やく》学《がく》に進《すす》んだのだと思《おも》います。

Q 創薬研究者《そうやくけんきゅうしゃ》になりたい人《ひと》にメッセージをお願《ねが》いします

A 好《す》きなこと、興味《きょうみ》のあることがあったらそれを突《つ》き詰《つ》めていってください。

それと、将来《しょうらい》の夢《ゆめ》は変《か》わってもいいんです。ただ、その時《とき》が来《き》たら諦《あきら》めるだけじゃなくて、次《つぎ》の夢《ゆめ》を持《も》って諦《あきら》める。そうすれば先《さき》に続《つづ》いていきます。この夢《ゆめ》じゃないとダメだと決《き》めつけてしまうと、行《い》き詰《づ》まってしまうかもしれません。夢《ゆめ》を変《か》えることは後退《こうたい》じゃなくて進歩《しんぽ》だと思《おも》って、次《つぎ》を目指《めざ》せばいいんです。

Q どんな人《ひと》が創薬研究者《そうやくけんきゅうしゃ》に向《む》いていると思《おも》いますか?

A 人《ひと》とのコミュニケーションがアイディアを生《う》み出《だ》すことがあるから、人《ひと》と接《せっ》する能力《のうりょく》は大切《たいせつ》です。特《とく》に薬《くすり》は一人《ひとり》では創《つく》れないので、他人《たにん》とチームを組《く》んで協力《きょうりょく》できる人《ひと》が向《む》いています。

もうひとつは将来《しょうらい》の自分《じぶん》を意識《いしき》することですね。こうなりたいという夢《ゆめ》があったら、そのためには今何《いまなに》をしないといけないか考《かんが》えて実行《じっこう》できる人《ひと》。優秀《ゆうしゅう》な研究者《けんきゅうしゃ》を見《み》ていると、自分《じぶん》からそれができている人《ひと》が多《おお》いように感《かん》じます。

Q 仕事《しごと》をする上《うえ》で自分《じぶん》なりに工夫《くふう》していることは何《なん》ですか?

A とにかく手《て》を動《うご》かしてみることを意識《いしき》しています。創《そう》薬《やく》は理論《りろん》だけじゃなくて、実際《じっさい》に化学物質《かがくぶっしつ》を作《つく》る研究《けんきゅう》なので、体《からだ》を動《うご》かさないと始《はじ》まりません。最初《さいしょ》に結果《けっか》を予測《よそく》しちゃって、実際《じっさい》に手《て》を動《うご》かさない人《ひと》が結構《けっこう》いるんです。だけど、人間《にんげん》はそれほど賢《かしこ》くないんですよ。やってみたら全然《ぜんぜん》違《ちが》う結果《けっか》が出《で》ることがいっぱいあります。やっぱり体《からだ》を動《うご》かしてみることがすごく大切《たいせつ》で、無駄《むだ》なことは全然《ぜんぜん》ないんです。

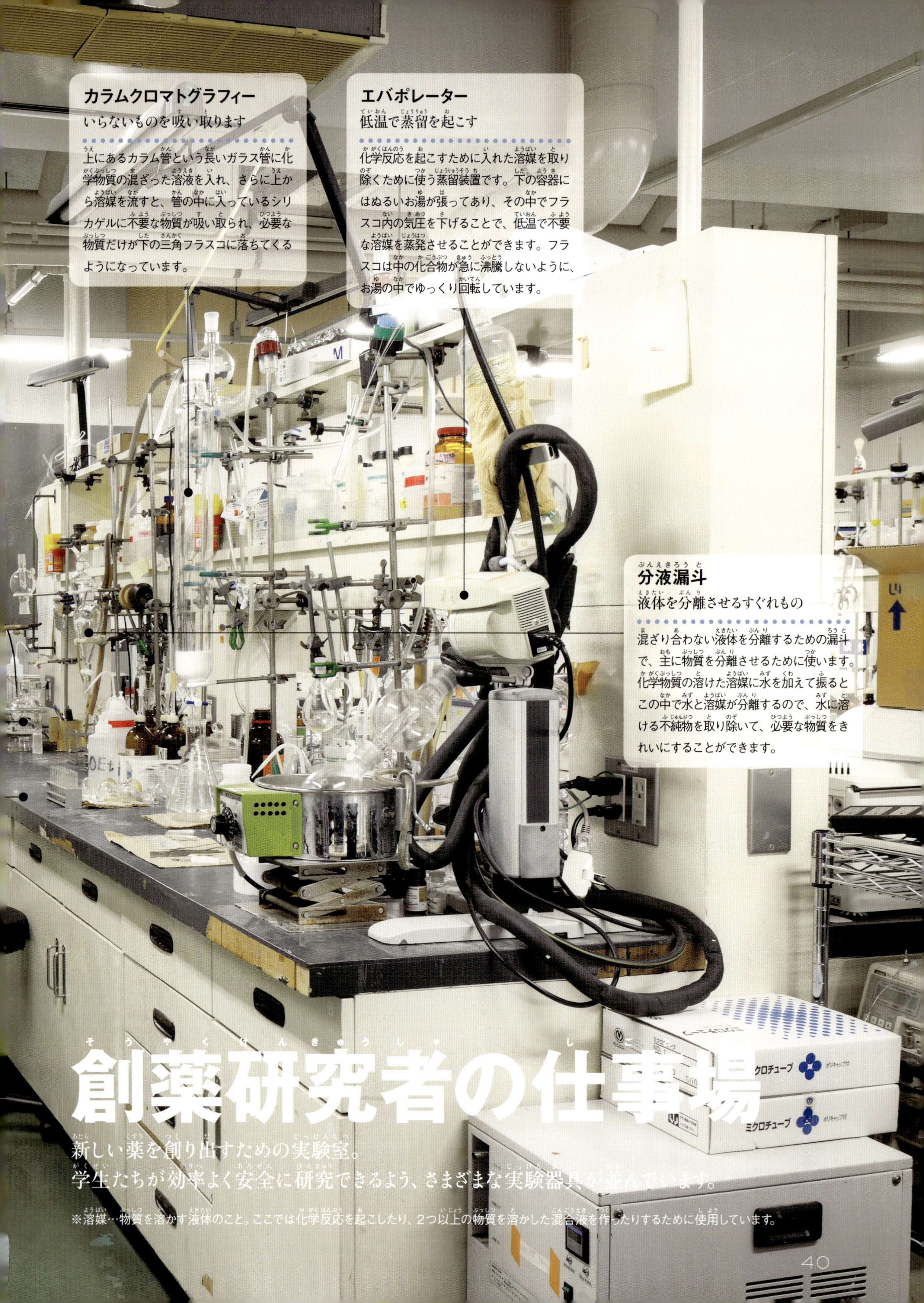

カラムクロマトグラフィー

いらないものを吸《す》い取《と》ります

上《うえ》にあるカラム管《かん》という長《なが》いガラス管《かん》に化《か》学物質《がくぶっしつ》の混《ま》ざった溶液《ようえき》を入《い》れ、さらに上《うえ》から溶媒《ようばい》を流《なが》すと、管《かん》の中《なか》に入《はい》っているシリカゲルに不要《ふよう》な物質《ぶっしつ》が吸《す》い取《と》られ、必要《ひつよう》な物質《ぶっしつ》だけが下《した》の三角《さんかく》フラスコに落《お》ちてくるようになっています。

エバポレーター

低温《ていおん》で蒸留《じょうりゅう》を起《お》こす

化学反応《かがくはんのう》を起《お》こすために入《い》れた溶媒《ようばい》を取《と》り除《のぞ》くために使《つか》う蒸留装置《じょうりゅうそうち》です。下《した》の容器《ようき》にはぬるいお湯《ゆ》が張《は》ってあり、その中《なか》でフラスコ内《ない》の気圧《きあつ》を下《さ》げることで、低温《ていおん》で不要《ふよう》な溶媒《ようばい》を蒸発《じょうはつ》させることができます。フラスコは中《なか》の化合物《かごうぶつ》が急《きゅう》に沸騰《ふっとう》しないように、お湯《ゆ》の中《なか》でゆっくり回転《かいてん》しています。

分液漏斗《ぶんえきろうと》

液体《えきたい》を分離《ぶんり》させるすぐれもの

混《ま》ざり合《あ》わない液体《えきたい》を分離《ぶんり》するための漏斗《ろうと》で、主《おも》に物質《ぶっしつ》を分離《ぶんり》させるために使《つか》います。化学物質《かがくぶっしつ》の溶《と》けた溶媒《ようばい》に水《みず》を加《くわ》えて振《ふ》るとこの中《なか》で水《みず》と溶媒《ようばい》が分離《ぶんり》するので、水《みず》に溶《と》ける不純物《ふじゅんぶつ》を取《と》り除《のぞ》いて、必要《ひつよう》な物質《ぶっしつ》をきれいにすることができます。

創薬研究者《そうやくけんきゅうしゃ》の仕《し》事場

新《あたら》しい薬《くすり》を創《つく》り出《だ》すための実験室《じっけんしつ》。
学生《がくせい》たちが効率《こうりつ》よく安全《あんぜん》に研究《けんきゅう》できるよう、さまざまな実験《じっけん》器具が並んでいます。

※溶媒《ようばい》…物質《ぶっしつ》を溶《と》かす液体《えきたい》のこと。ここでは化学反応《かがくはんのう》を起《お》こしたり、2つ以上《いじょう》の物質《ぶっしつ》を溶《と》かした混合液《こんごうえき》を作《つく》ったりするために使用《しよう》しています。

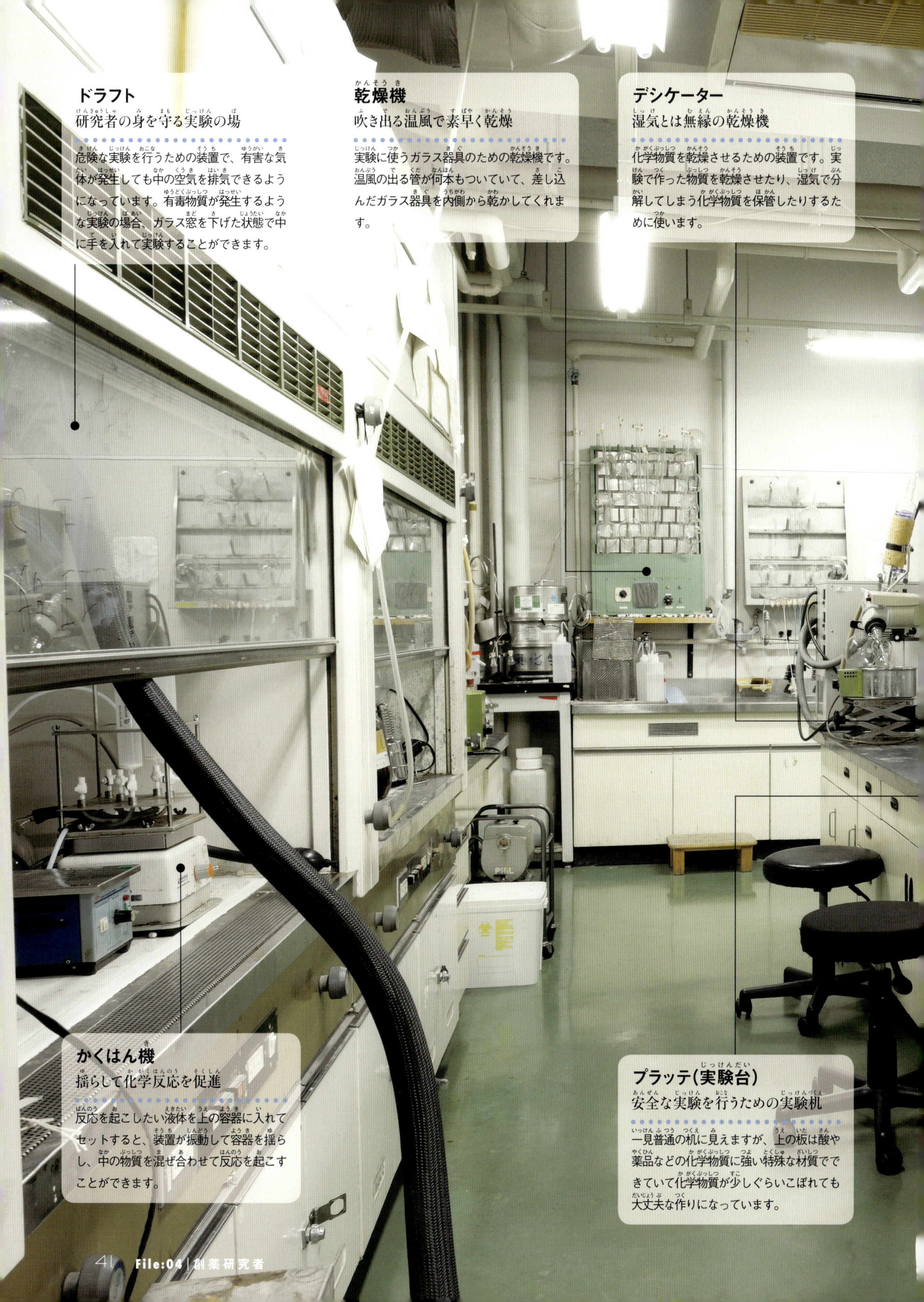

ドラフト

研究者《けんきゅうしゃ》の身《み》を守《まも》る実験《じっけん》の場《ば》

危険《きけん》な実験《じっけん》を行《おこな》うための装置《そうち》で、有害《ゆうがい》な気《き》体《たい》が発生《はっせい》しても中《なか》の空気《くうき》を排気《はいき》できるようになっています。有毒物質《ゆうどくぶっしつ》が発生《はっせい》するような実験《じっけん》の場合《ばあい》、ガラス窓《まど》を下《さ》げた状態《じょうたい》で中《なか》に手《て》を入《い》れて実験《じっけん》することができます。

乾燥機《かんそうき》

吹《ふ》き出《で》る温風《おんぷう》で素早《すばや》く乾燥《かんそう》

実験《じっけん》に使《つか》うガラス器具《きぐ》のための乾燥機《かんそうき》です。温風《おんぷう》の出《で》る管《くだ》が何本《なんほん》もついていて、差《さ》し込《こ》んだガラス器具《きぐ》を内側《うちがわ》から乾《かわ》かしてくれます。

デシケーター

湿気《しっけ》とは無縁《むえん》の乾燥機《かんそうき》

化学物質《かがくぶっしつ》を乾燥《かんそう》させるための装置《そうち》です。実《じっ》験《けん》で作《つく》った物質《ぶっしつ》を乾燥《かんそう》させたり、湿気《しっけ》で分《ぶん》解《かい》してしまう化学物質《かがくぶっしつ》を保管《ほかん》したりするために使《つか》います。

かくはん機《き》

揺《ゆ》らして化学反応《かがくはんのう》を促進《そくしん》

反応《はんのう》を起《お》こしたい液体《えきたい》を上《うえ》の容器《ようき》に入《い》れてセットすると、装置《そうち》が振動《しんどう》して容器《ようき》を揺《ゆ》らし、中《なか》の物質《ぶっしつ》を混《ま》ぜ合《あ》わせて反応《はんのう》を起《お》こすことができます。

プラッテ(実験台《じっけんだい》)

安全《あんぜん》な実験《じっけん》を行《おこな》うための実験机《じっけんづくえ》

一見《いっけん》普通《ふつう》の机《つくえ》に見《み》えますが、上《うえ》の板《いた》は酸《さん》や薬品《やくひん》などの化学物質《かがくぶっしつ》に強《つよ》い特殊《とくしゅ》な材質《ざいしつ》でできていて化学物質《かがくぶっしつ》が少《すこ》しぐらいこぼれても大丈夫《だいじょうぶ》な作《つく》りになっています。

林《はやし》さんこだわりの7つ道具《どうぐ》

実験器具《じっけんきぐ》や機械《きかい》からお守《まも》りまで、
さまざまな道具《どうぐ》で薬《くすり》づくりをめざしています。

▼高速液体《こうそくえきたい》クロマトグラフィー

実験結果《じっけんけっか》を正確《せいかく》に測定《そくてい》

液体《えきたい》の中《なか》の化学物質《かがくぶっしつ》を測定《そくてい》するための装置《そうち》です。液体中《えきたいちゅう》にどのような物質《ぶっしつ》が含《ふく》まれているかを調《しら》べて、パソコンで分析《ぶんせき》してくれます。これを使《つか》うことによって、実験《じっけん》でどれだけの反応《はんのう》が起《お》きたか、どのくらいの化合物《かごうぶつ》が作《つく》れたかを確認《かくにん》することができます。

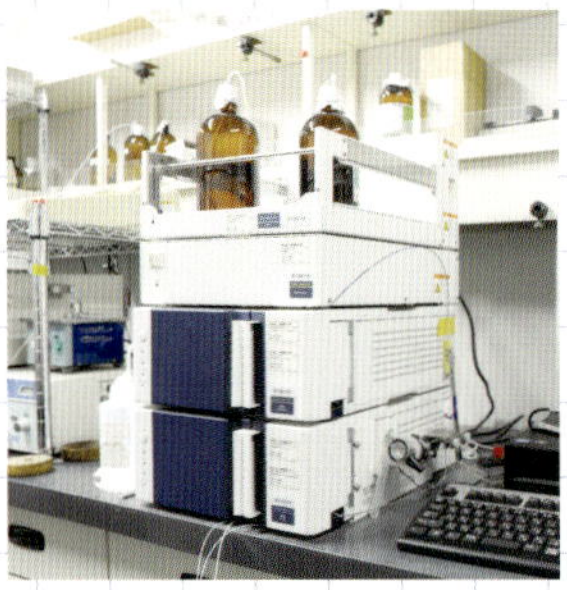

◀実験《じっけん》ノート

誰《だれ》でも実験結果《じっけんけっか》を確認《かくにん》できる

国際的《こくさいてき》な基準《きじゅん》に合《あ》わせた実験《じっけん》ノートで、実験《じっけん》の内容《ないよう》をすべて記録《きろく》しておきます。プリントされた観測《かんそく》結果《けっか》もしっかり貼《は》り付《つ》けて保存《ほぞん》します。他《ほか》の人《ひと》が研究内容《けんきゅうないよう》を確認《かくにん》できるようになっていて、特許《とっきょ》が関《かか》わる場合《ばあい》はその証明《しょうめい》にもなります。林《はやし》さんの研究室《けんきゅうしつ》では全員《ぜんいん》が同《おな》じ種《しゅ》類《るい》のノートを使《つか》っています。

▶マイクロピペット

化学物質《かがくぶっしつ》のていねいな取《と》り扱《あつか》いに

手元《てもと》の目盛《めも》りを使《つか》って必要《ひつよう》な量《りょう》の液体《えきたい》を吸《す》い取《と》ることのできるスポイトで、小《ちい》さいものではマイクロリットル（1リットルの100万分《まんぶん》の1）単位《たんい》の液体《えきたい》を正確《せいかく》に吸《す》い取《と》ることができます。

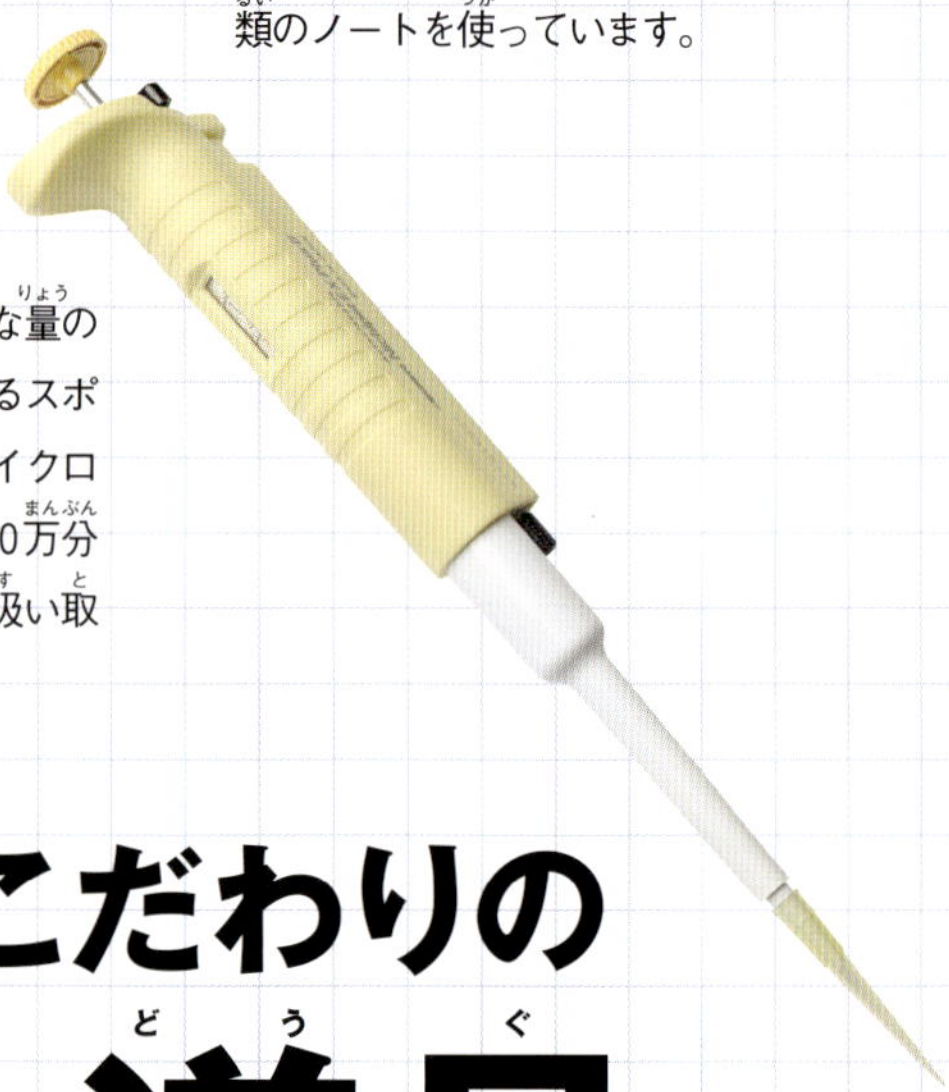

▼保護《ほご》メガネと手袋《てぶくろ》

研究者《けんきゅうしゃ》の安全《あんぜん》を守《まも》るために

化学物質《かがくぶっしつ》が目《め》や皮膚《ひふ》につくと危険《きけん》な場合《ばあい》もあるため、実験《じっけん》のときにはメガネと手袋《てぶくろ》を着《つ》けるようにしています。保護《ほご》メガネはガラスの周囲《しゅうい》が肌《はだ》に密着《みっちゃく》するようにカーブしていて、目《め》の周辺《しゅうへん》を完全《かんぜん》にガードしてくれます。他《ほか》の物質《ぶっしつ》と混《ま》ざって実験結果《じっけんけっか》が変《か》わったりすることのないよう、手袋《てぶくろ》は使《つか》い捨《す》てるようにしています。

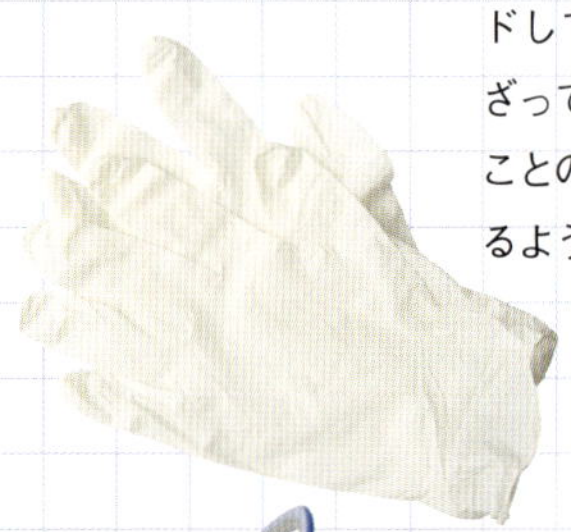

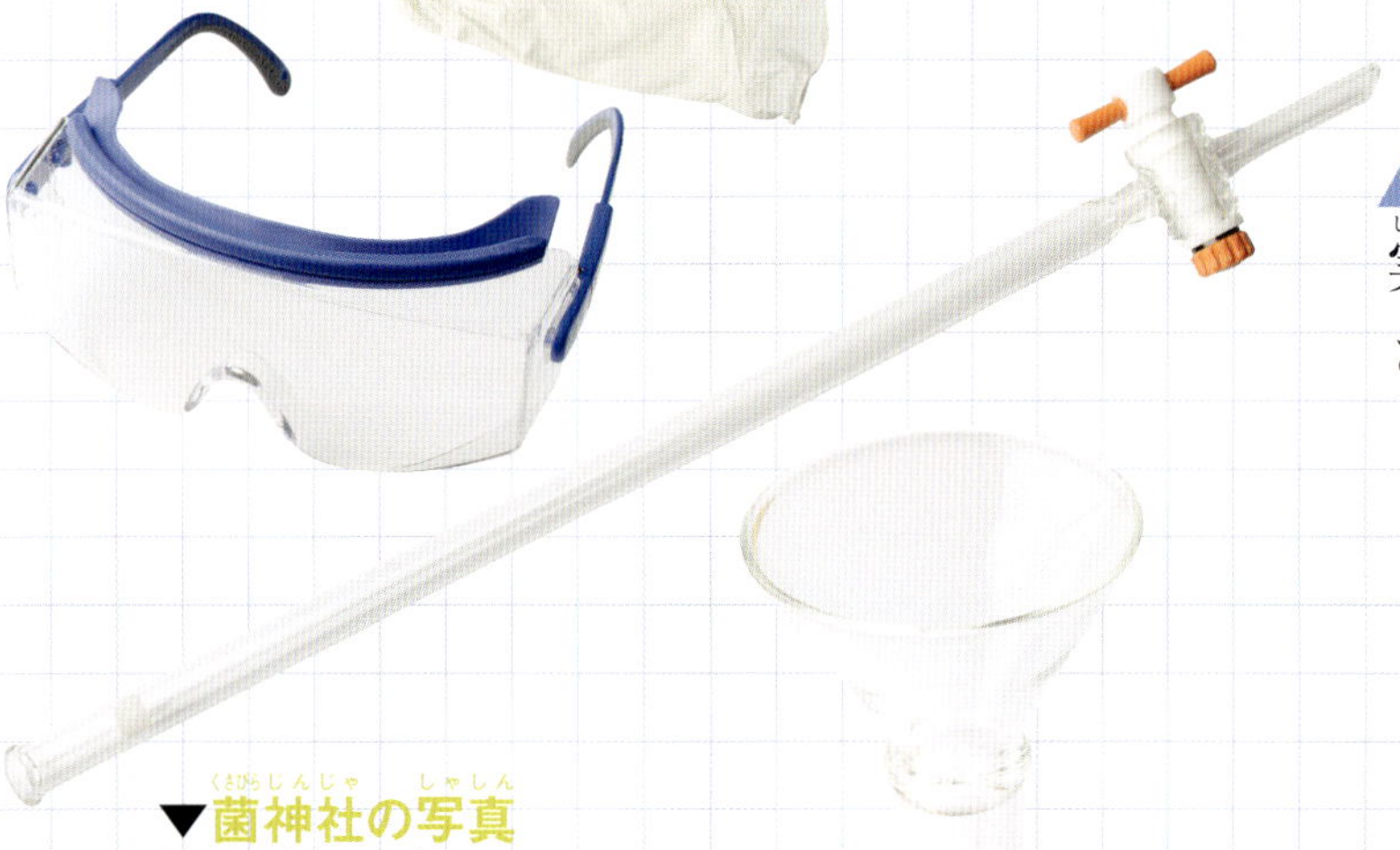

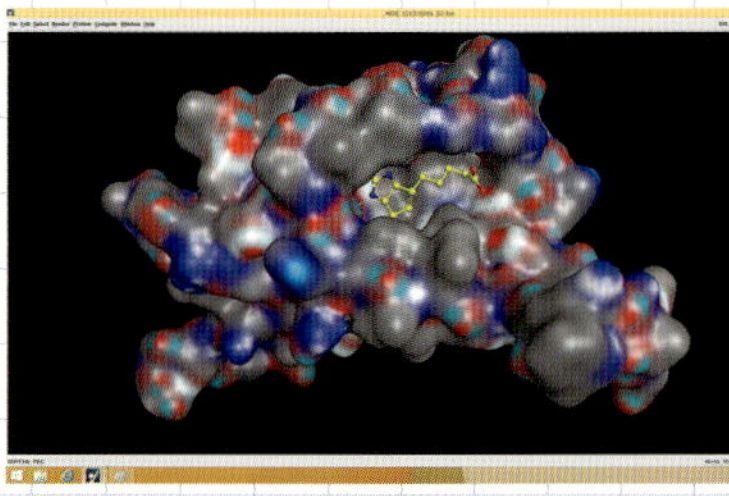

▼菌神社《くさびらじんじゃ》の写真《しゃしん》

創薬研究《そうやくけんきゅう》のお守《まも》りに

滋賀県《しがけん》にある菌神社《くさびらじんじゃ》で撮《と》った写真《しゃしん》。創薬研究《そうやくけんきゅう》に縁《えん》の深《ふか》い「菌《きん》」という名前《なまえ》なので、お守《まも》り代《が》わりに携帯《けいたい》に入《い》れています。研究《けんきゅう》の世界《せかい》では予想《よそう》もつかない偶然《ぐうぜん》の大発見《だいはっけん》に巡《めぐ》り合《あ》うことがあり、研究者《けんきゅうしゃ》は幸運《こううん》を祈《いの》ることも多《おお》いのです。

▲ガラス器具《きぐ》

さまざまな実験器具《じっけんきぐ》の数々《かずかず》

棒状《ぼうじょう》のガラス管《かん》はカラム管《かん》。化学《かがく》反応《はんのう》が起《お》きたあとの混合液《こんごうえき》から必要《ひつよう》な物質《ぶっしつ》を取《と》り出《だ》すのに使《つか》います。丸《まる》いフラスコはナスフラスコ。化《か》学反応《がくはんのう》を起《お》こしやすくするため底《そこ》が丸《まる》くなっていて、中《なか》に入《い》れた物《ぶっ》質《しつ》が均等《きんとう》に広《ひろ》がるようになっています。セットになっているのは三《さん》角《かく》フラスコと漏斗《ろうと》で、漏斗《ろうと》でこぼさずに液体《えきたい》を流《なが》し込《こ》めます。

▲MOE

化学物質《かがくぶっしつ》の働《はたら》きをシミュレート

化学物質《かがくぶっしつ》がたんぱく質《しつ》にどのように結合《けつごう》するか、原子単位《げんしたんい》でシミュレートしてくれるコンピュータソフトです。薬品《やくひん》の効果《こうか》がしっかり出《で》るかどうかを予測《よそく》できます。

創薬研究者《そうやくけんきゅうしゃ》ってどうしたらなれるの?

中学《ちゅうがく》 3年《ねん》 15歳《さい》

↓

高校《こうこう》 3年《ねん》 18歳《さい》

↓

大学《だいがく》 4～6年《ねん》 22～24歳《さい》

創薬研究者《そうやくけんきゅうしゃ》は化学《かがく》や薬品《やくひん》についての知識《ちしき》が必要《ひつよう》で、大学《だいがく》の化学系学部《かがくけいがくぶ》の出身者《しゅっしんしゃ》がほとんどです。
薬学部《やくがくぶ》の他《ほか》にも理学部《りがくぶ》や農学部《のうがくぶ》などの理科系学部《りかけいがくぶ》で研究者《けんきゅうしゃ》としての基礎《きそ》を学《まな》ぶことができます。

↓

大学院《だいがくいん》 3～6年《ねん》 20代《だい》 → **製薬企業《せいやくきぎょう》**

大学《だいがく》の学部卒業後《がくぶそつぎょうご》は大学院《だいがくいん》*1に進《すす》み、研究《けんきゅう》を続《つづ》けます。大学院《だいがくいん》に入《はい》るには試験《しけん》に合格《ごうかく》する必要《ひつよう》があります。
学部《がくぶ》でのテーマをその後《ご》も続《つづ》ける人《ひと》も少《すく》なくありません。

↓

創薬研究者《そうやくけんきゅうしゃ》

大学院卒業後《だいがくいんそつぎょうご》も大学《だいがく》に残《のこ》って教授《きょうじゅ》*2を目指《めざ》す人《ひと》、製薬会社《せいやくがいしゃ》の研究室《けんきゅうしつ》に就職《しゅうしょく》する人《ひと》など、いろいろな働《はたら》き方《かた》があります。
一度《いちど》製薬会社《せいやくがいしゃ》で働《はたら》いた後《あと》、大学《だいがく》に戻《もど》って創薬研究《そうやくけんきゅう》をする人《ひと》もいます。

*1 大学院《だいがくいん》

2年間《ねんかん》の修士課程《しゅうしかてい》と3～4年間《ねんかん》の博士課程《はくしかてい》があります。普通《ふつう》は修士課程《しゅうしかてい》から入学《にゅうがく》しますが、薬学部《やくがくぶ》など6年制学部《ねんせいがくぶ》の卒業者《そつぎょうしゃ》は博士課程《はくしかてい》に進学《しんがく》できます。研究論文《けんきゅうろんぶん》を認《みと》められると、修士《しゅうし》、博士《はかせ》の資格《しかく》を取《と》ることができます。

*2 教授《きょうじゅ》

大学教授《だいがくきょうじゅ》になるには研究者《けんきゅうしゃ》として成果《せいか》をあげ続《つづ》けることが重要《じゅうよう》です。普通《ふつう》は助手《じょしゅ》からだんだんと立場《たちば》が上《あ》がっていきますが、優秀《ゆうしゅう》な人《ひと》でも教授《きょうじゅ》になるのは40歳前後《さいぜんご》。 50代《だい》でなるのも珍《めずら》しくない業界《ぎょうかい》です。教授《きょうじゅ》になると自分《じぶん》の夢《ゆめ》をかなえる研究《けんきゅう》ができます。

平均給与月額《へいきんきゅうよげつがく》

90万《まん》0,000円《えん》

推定平均年収《すいていへいきんねんしゅう》

1,080万円《まんえん》

お給料《きゅうりょう》っていくら?

これは大学教授《だいがくきょうじゅ》の平均年収《へいきんねんしゅう》で、助手《じょしゅ》、講《こう》師《し》、准教授《じゅんきょうじゅ》と立場《たちば》が上《あ》がっていくごとにお給料《きゅうりょう》もアップしていきます。製薬会社《せいやくがいしゃ》で研究《けんきゅう》をする人《ひと》の場合《ばあい》も、大手《おおて》の会社《かいしゃ》ならほぼ同《おな》じくらいのお給料《きゅうりょう》になります。

＊平成《へいせい》25年厚生労働省《ねんこうせいろうどうしょう》「賃金構造基本統計調査《ちんぎんこうぞうきほんとうけいちょうさ》」より。ただし、勤務先《きんむさき》、経験年数《けいけんねんすう》、雇用形態《こようけいたい》などにより大《おお》きく異《こと》なります。

薬剤師《やくざいし》ってどんな仕事《しごと》？

スギ薬局《やっきょく》
佐藤光咲《さとうみさき》さん

医薬品《いやくひん》のスペシャリスト

薬局《やっきょく》で働《はたら》く薬剤師《やくざいし》は薬《くすり》の専《せん》門家《もんか》です。よく行《おこな》うのは医師《いし》が出《だ》した処方箋《しょほうせん》にもとづいて薬《くすり》を出《だ》す調剤《ちょうざい》という仕事《しごと》。処《しょ》方箋《ほうせん》の指示《しじ》どおりに患者《かんじゃ》さんへ薬《くすり》を渡《わた》すだけでなく、他《ほか》の薬《くすり》との飲《の》み合《あ》わせなどの安全《あんぜん》性《せい》の確認《かくにん》や、しっかりと飲《の》めるような指導《しどう》と効果《こうか》の説明《せつめい》も忘《わす》れません。その他《ほか》にも誰《だれ》でも買《か》える市販薬《しはんやく》の管理《かんり》など、薬《くすり》に関《かん》するあらゆる仕事《しごと》に関《かか》わっています。

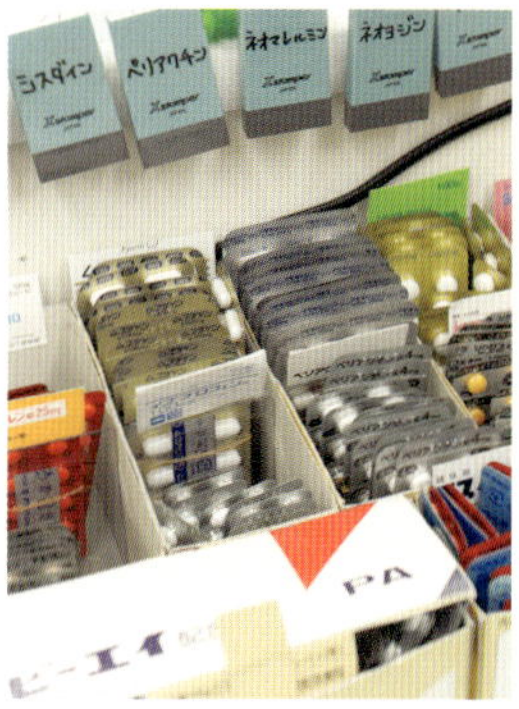

薬剤師《やくざいし》になるには大学《だいがく》の薬《やく》学部《がくぶ》を6年間《ねんかん》かけて卒業《そつぎょう》し、国家試験《こっかしけん》に合格《ごうかく》する必要《ひつよう》があります。そうして、初《はじ》めて薬《やく》剤師《ざいし》として就職《しゅうしょく》できるのです。

地域《ちいき》に密着《みっちゃく》した医療関係者《いりょうかんけいしゃ》

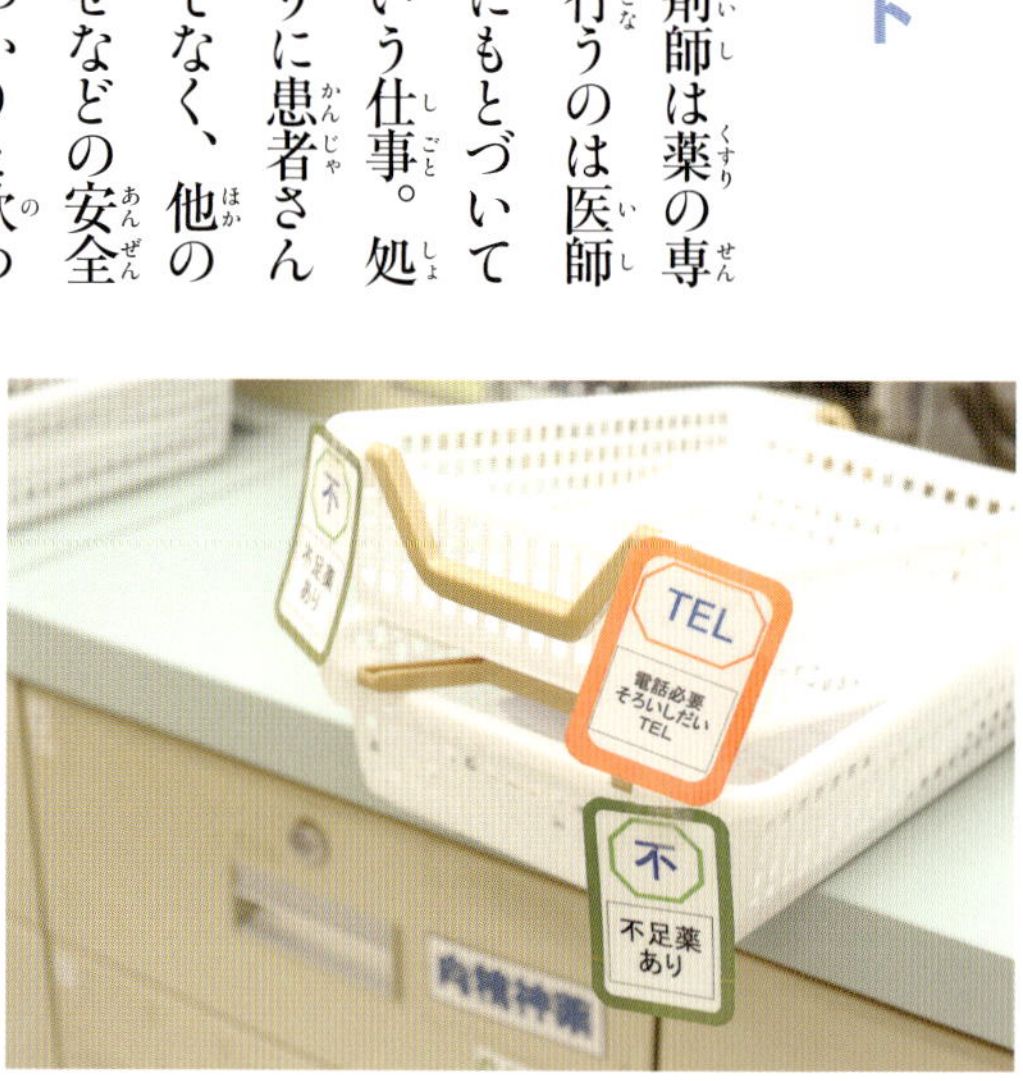

佐藤《さとう》さんが働《はたら》くのは中型《ちゅうがた》ショッピングセンターの中《なか》にある店舗《てんぽ》です。同《おな》じ建物《たてもの》の中《なか》には小児科《しょうにか》やスーパーマーケット、書店《しょてん》などの小売店《こうりてん》が入《はい》っていて、地域《ちいき》の人《ひと》たちが多《おお》くやって来《く》る場所《ばしょ》です。病院《びょういん》に行《い》かないと会《あ》えない医師《いし》や看《かん》護師《ごし》と違《ちが》い、町中《まちなか》で気軽《きがる》に相《そう》談《だん》できる地域《ちいき》に密着《みっちゃく》した医療《いりょう》関係者《かんけいしゃ》として、薬《くすり》を必要《ひつよう》とする患者《かんじゃ》さんを相手《あいて》に働《はたら》いています。

※薬《くすり》は大《おお》きく分《わ》けて一般用医薬品《いっぱんよういやくひん》（市販薬《しはんやく》）と医療用医薬品《いりょうよういやくひん》（処方薬《しょほうやく》）の２種類《しゅるい》があり、医療用医薬品《いりょうよういやくひん》は医師《いし》の指示《しじ》がないと買《か》えません。

佐藤《さとう》さんの一日《いちにち》

08:30 出勤《しゅっきん》、開店準備《かいてんじゅんび》

09:00 開店《かいてん》

09:30 処方箋患者《しょほうせんかんじゃ》さん対応《たいおう》、調剤《ちょうざい》

12:00 昼食《ちゅうしょく》

13:00 予製《よせい》の準備《じゅんび》

13:30 在宅患者《ざいたくかんじゃ》さんの薬《くすり》の準備《じゅんび》、配達《はいたつ》

15:00 処方箋患者《しょほうせんかんじゃ》さん対応《たいおう》、調剤《ちょうざい》

16:00 処方薬《しょほうやく》の発注《はっちゅう》

17:00 一般患者《いっぱんかんじゃ》さん対応《たいおう》

18:30 麻薬類《まやくるい》のチェック

19:00 退勤《たいきん》

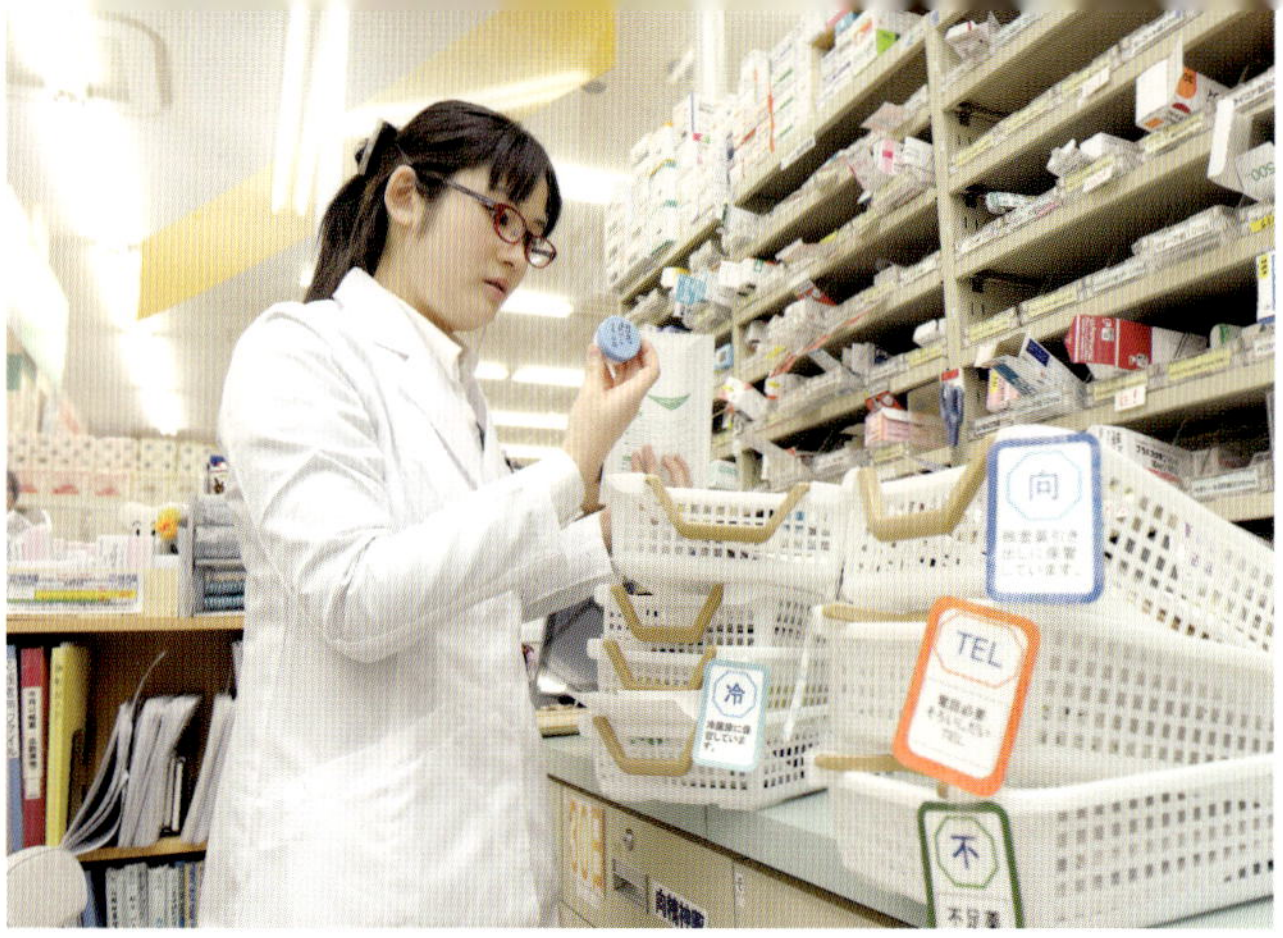

薬剤師《やくざいし》の仕事《しごと》

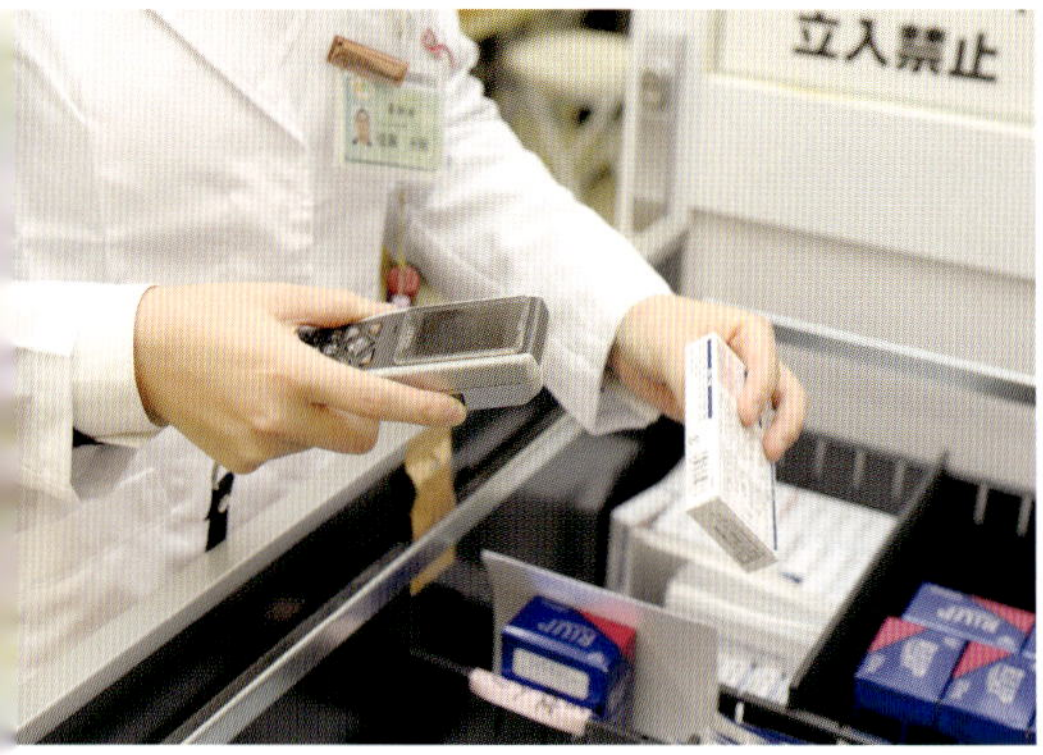

08:30 出勤《しゅっきん》、開店準備《かいてんじゅんび》

出勤《しゅっきん》して白衣《はくい》に着替《きが》えると、最初《さいしょ》の仕事《しごと》は開店前《かいてんまえ》の準備《じゅんび》です。まず取《と》りかかるのはその日《ひ》の作業《さぎょう》の確認《かくにん》。患者《かんじゃ》さんごとに用意《ようい》されたケースには前《ぜん》日《じつ》の作業《さぎょう》が引《ひ》き継《つ》げるよう、薬《くすり》の種類《しゅるい》や不足分《ふそくぶん》の到着時間《とうちゃくじかん》などの伝達事項《でんたつじこう》の書《か》かれたカードが貼《は》られています。特《とく》に休《やす》み明《あ》けの場合《ばあい》には、間違《まちが》いが起《お》こらないようにしっかりチェックします。

また、かぜ薬《ぐすり》や胃薬《いぐすり》など市《し》販薬《はんやく》の確認《かくにん》も大事《だいじ》な仕事《しごと》です。棚《たな》にある在庫《ざいこ》の数《かず》を調《しら》べ、不《ふ》足《そく》があればすぐに発注《はっちゅう》します。薬《くすり》の箱《はこ》にあるバーコードを読《よ》むと手元《てもと》の読《よ》み取《と》り機《き》に在庫《ざいこ》数《すう》が表示《ひょうじ》され、その場《ば》で発注《はっちゅう》をかけられるようになっています。

09:30 調剤《ちょうざい》、処方箋《しょほうせん》 患者《かんじゃ》さん対応《たいおう》

病院《びょういん》が開《ひら》く時間《じかん》になると、処方箋《しょほうせん》を持《も》った患者《かんじゃ》さんの対《たい》応《おう》が始《はじ》まります。処方箋《しょほうせん》に書《か》かれた医師《いし》の指示《しじ》をもとに、適切《てきせつ》な種類《しゅるい》と分量《ぶんりょう》の薬《くすり》を患者《かんじゃ》さんに渡《わた》していきます。

薬《くすり》を渡《わた》すときには患者《かんじゃ》さんと一対一《いったいいち》で対応《たいおう》。効《き》き目《め》や正《ただ》しい飲《の》み方《かた》を説明《せつめい》し、きちんと効果《こうか》が出《で》るように指導《しどう》します。患者《かんじゃ》さんが医師《いし》に言《い》えなかったことはないか、過去《かこ》に出《だ》した薬《くすり》をちゃんと飲《の》んだかなども確認《かくにん》します。薬《くすり》が患者《かんじゃ》さんに合《あ》わないと判断《はんだん》した場《ば》合《あい》には、医師《いし》に直接電話《ちょくせつでんわ》をかけて相談《そうだん》することもあります。

13:00 予製《よせい》の準備《じゅんび》

時間《じかん》に余裕《よゆう》があるときは、よく使《つか》う種類《しゅるい》の薬《くすり》の作《つく》り置《お》き（予製《よせい》）を準備《じゅんび》します。

まずは衛生《えいせい》のために手《て》を洗《あら》い、粉薬《こなぐすり》を管理《かんり》する監査《かんさ》システムで薬《くすり》の量《りょう》を量《はか》ります。監《かん》査《さ》システムにははかりがついていて、誰《だれ》がどれだけの薬《くすり》を作《つく》ったか記録《きろく》に残《のこ》しています。

ここで活躍《かつやく》するのが薬《くすり》を包《つつ》みに分《わ》けてくれる分包機《ぶんぽうき》という機械《きかい》です。目盛《めも》りで包《つつ》みの数《かず》を決《き》めた後《あと》、前面《ぜんめん》のＶマスという溝《みぞ》に粉薬《こなぐすり》を入《い》れて、へらで薬《くすり》の高《たか》さを均等《きんとう》にそろえます。薬《くすり》の量《りょう》が整《ととの》ったら本体《ほんたい》の中《なか》に薬《くすり》をセット。スイッチを入《い》れると、自動的《じどうてき》に包《つつ》みに分《わ》けられた薬《くすり》が機械《きかい》から出《で》てきます。

完成《かんせい》したらゴミなどが入《はい》っていないか、分量《ぶんりょう》がおかしくないかを確認《かくにん》します。

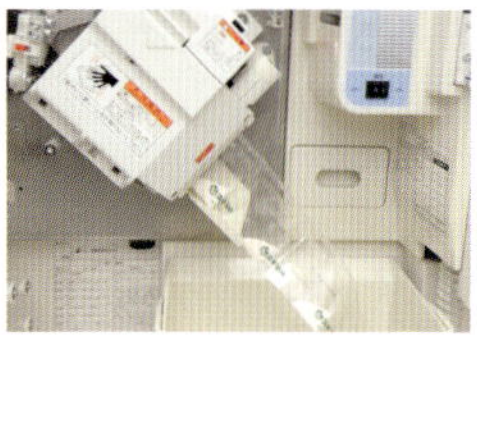

13:30 在宅《ざいたく》患者《かんじゃ》さんの薬《くすり》の準備《じゅんび》、配達《はいたつ》

スギ薬局《やっきょく》ではお年寄《としよ》りや病《びょう》気《き》で薬《くすり》の管理《かんり》がうまくできない患者《かんじゃ》さんのため、自宅《じたく》へ薬《くすり》を配達《はいたつ》しています。

配達前《はいたつまえ》にするのはまず薬《くすり》の準備《じゅんび》です。分包機《ぶんぽうき》で複数《ふくすう》の薬《くすり》を一回分《いっかいぶん》ごとの包《つつ》みにまとめて、薬《くすり》の種類《しゅるい》や分量《ぶんりょう》に間違《まちが》いがないか、別《べつ》の人《ひと》に確認《かくにん》してもらいます。

チェックが終《お》わると朝昼晩《あさひるばん》のいつ飲《の》めばいい薬《くすり》かひと目《め》でわかるよう、カラーペンで薬《くすり》の包《つつ》みに色《いろ》を塗《ぬ》ります。それをカレンダータイプの薬入《くすりい》れに日付《ひづけ》ごとにわけて入《い》れれば、配達薬《はいたつやく》の準備完了《じゅんびかんりょう》です。

準備《じゅんび》した薬《くすり》は配達用《はいたつよう》のバンで患者《かんじゃ》さんの自宅《じたく》まで届《とど》けます。前回《ぜんかい》のカレンダーを見《み》て、薬《くすり》をちゃんと飲《の》んでいるかのチェックも欠《か》かしません。

16:00 処方薬《しょほうやく》の発注《はっちゅう》

その日《ひ》使《つか》った処方薬《しょほうやく》の在庫《ざいこ》を調《しら》べ、足《た》りないものを発注《はっちゅう》します。これには市販薬《しはんやく》とは別《べつ》の発注《はっちゅう》システムを使《つか》います。

時期《じき》や状況《じょうきょう》によって必要《ひつよう》な薬《くすり》の種類《しゅるい》は変《か》わります。たとえば冬《ふゆ》でインフルエンザが流《りゅう》行《こう》していたり、近所《きんじょ》の学校《がっこう》や幼稚園《ようちえん》で水《みず》ぼうそうが大発生《だいはっせい》していたりするときには、その薬《くすり》を多《おお》めに取《と》り寄《よ》せなくてはいけません。薬局《やっきょく》に来《く》る患《かん》者《じゃ》さんたちの様子《ようす》を見《み》て、場《ば》合《あい》によっては医師《いし》とも相談《そうだん》して、あらかじめ薬《くすり》の数《かず》を調整《ちょうせい》しておくこともあります。

17:00 一般患者《いっぱんかんじゃ》さん対応《たいおう》

薬局《やっきょく》には処方箋《しょほうせん》を持《も》っていない、体調《たいちょう》の悪《わる》い一般患者《いっぱんかんじゃ》さんも市販薬《しはんやく》を買《か》いにやって来《き》ます。その相談《そうだん》に乗《の》るのも薬《やく》剤師《ざいし》の仕事《しごと》です。

患者《かんじゃ》さんの症状《しょうじょう》を聞《き》いて適《てき》

切《せつ》な薬《くすり》を判断《はんだん》し、どんな効果《こうか》がある薬《くすり》かを説明《せつめい》して、正《ただ》しく薬《くすり》を使《つか》ってもらえるように努力《どりょく》しています。患者《かんじゃ》さんがいらっしゃればいつでも対応《たいおう》します。病院《びょういん》が閉《し》まった夕方《ゆうがた》から夜《よる》が多《おお》いです。

18:30 麻薬類《まやくるい》のチェック

毒性《どくせい》の強《つよ》い薬《くすり》や精神状態《せいしんじょうたい》に影響《えいきょう》を与《あた》える向精神薬《こうせいしんやく》など、いくつかの種類《しゅるい》の薬《くすり》は厳重《げんじゅう》な管理《かんり》をするように法律《ほうりつ》で定《さだ》められていて、毎日数《まいにちかず》を確認《かくにん》しなければいけません。鍵《かぎ》のかかった棚《たな》を開《あ》けてすべての数《かず》をチェックして、管理表《かんりひょう》に記《き》入《にゅう》していきます。作業後《さぎょうご》は誰《だれ》が確認《かくにん》したかわかるように印《いん》鑑《かん》も忘《わす》れずに押《お》します。

21:00 閉店作業《へいてんさぎょう》（遅番《おそばん》の時《とき》）

遅番《おそばん》の時《とき》は閉店時《へいてんじ》の作業《さぎょう》も仕事《しごと》のひとつです。レジのお金《かね》を数《かぞ》えてその日《ひ》の売上《うりあげ》を確《かく》認《にん》します。一日《いちにち》の仕事《しごと》の中《なか》でもお金《かね》に触《ふ》れる機会《きかい》は多《おお》くありますが、衛生《えいせい》のためそのたびに手《て》をしっかり洗《あら》います。

また、分包機《ぶんぽうき》の掃除《そうじ》も閉店《へいてん》作業《さぎょう》のひとつ。機械《きかい》を解体《かいたい》し、中《なか》に残《のこ》った薬《くすり》の粉《こな》を掃除機《そうじき》でていねいに吸《す》い取《と》ります。この作業《さぎょう》は混《ま》ざってはいけない薬《くすり》やにおいのある薬《くすり》を調剤《ちょうざい》した後《あと》にも行《おこな》います。

時《とき》にはこんな仕事《しごと》も

子《こ》どもが安心《あんしん》できる環境作《かんきょうづく》り

薬《くすり》の知識《ちしき》をわかりやすく紹介《しょうかい》

佐藤《さとう》さんが働《はたら》くお店《みせ》は同《おな》じ建物《たてもの》の中《なか》に病院《びょういん》の小児科《しょうにか》があるため、親《おや》に連《つ》れられた子《こ》どもの患者《かんじゃ》さんも多《おお》くやってきます。そうした家族《かぞく》に安心《あんしん》して薬《くすり》を使《つか》ってもらえるように、薬《くすり》の飲《の》み方《かた》や種類《しゅるい》など、薬剤《やくざい》師《し》ならではのさまざまな健康《けんこう》情報《じょうほう》を紹介《しょうかい》したパンフレットを手作《てづく》りして、待合室《まちあいしつ》に置《お》いています。

待合室《まちあいしつ》の飾《かざ》りつけも

また、子《こ》どもがリラックスできるように、待合室《まちあいしつ》に写真《しゃしん》を飾《かざ》ったり、季節《きせつ》ごとの飾《かざ》りつけをするなどの工夫《くふう》もしています。

時《とき》には他《ほか》の薬局《やっきょく》や小児科医《しょうにかい》など、子《こ》どもの多《おお》い施設《しせつ》を見《み》に行《い》って、どんな飾《かざ》りつけがいいか参考《さんこう》にしているといいます。

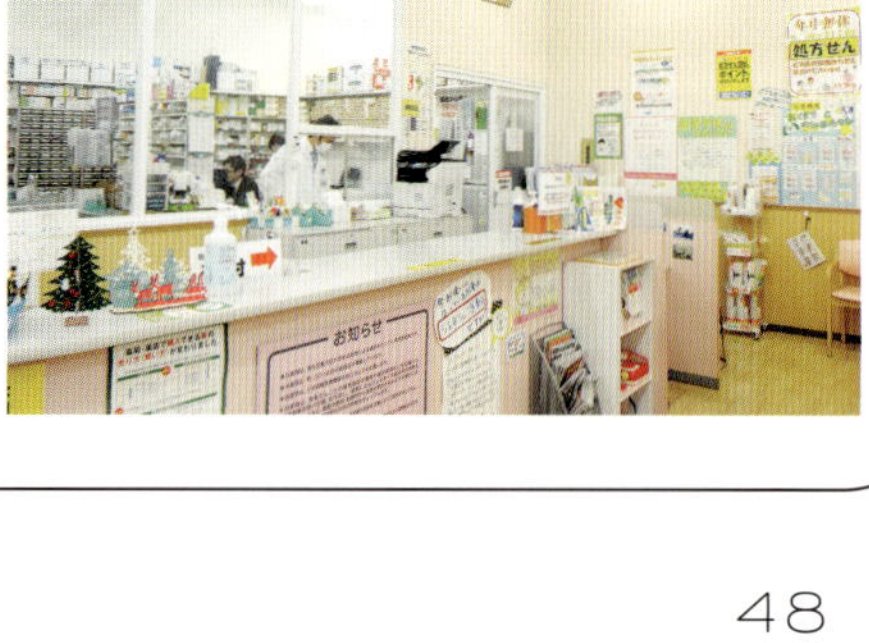

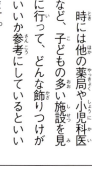

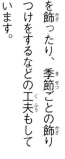

Q 小中学生《しょうちゅうがくせい》の頃《ころ》の得意科目《とくいかもく》は何《なん》ですか？

A 国語《こくご》が一番好《いちばんす》きで得意《とくい》でした。今《いま》でも本《ほん》を読《よ》むのが大《だい》好《す》きです。理科《りか》や数学《すうがく》は普通《ふつう》の成《せい》績《せき》でした。

薬局《やっきょく》の薬剤師《やくざいし》は患者《かんじゃ》さんとお話《はなし》をすることも大事《だいじ》な仕事《しごと》です。会《かい》話《わ》で相手《あいて》の気持《きも》ちをちゃんと読《よ》み取《と》って、その人《ひと》に必要《ひつよう》なことを正《ただ》しい表現《ひょうげん》で伝《つた》えないといけません。方法《ほうほう》も相手《あいて》によってさまざまです。理科《りか》の知識《ちしき》も大切《たいせつ》だけど、国語《こくご》が得意《とくい》だという人《ひと》にもっと目指《めざ》してほしい仕事《しごと》だと思《おも》います。

Q この仕事《しごと》の苦労《くろう》や、辛《つら》い点《てん》は何《なん》ですか？

A 薬《くすり》は分量《ぶんりょう》や種類《しゅるい》を間違《まちが》えると大変《たいへん》なことになります。すごく仕事《しごと》のできる先輩《せんぱい》がいるんですけど、その人《ひと》でさえ人間《にんげん》だから間違《まちが》えることがあるんです。だからお互《たが》いにチェックをしますが、人《ひと》のすることを全部疑《ぜんぶうたが》わないといけないのが大変《たいへん》です。お医者《いしゃ》さんも、先輩《せんぱい》も、自分《じぶん》も、患者《かんじゃ》さんも間違《まちが》えているかもしれない。全部《ぜんぶ》疑《うたが》って、間違《まちが》いをどこかで必《かなら》ず止《と》めないといけないという緊張感《きんちょうかん》がいつもあります。

Q どうして薬剤師《やくざいし》になろうと思《おも》ったのですか？

A 子《こ》どもの頃《ころ》から体《からだ》が弱《よわ》く、ぜんそく薬《やく》を使《つか》っていました。ちょっとよくなってきたときに、何《なん》でこんなものが効《き》くんだろうと急《きゅう》に怖《こわ》くなって、勝手《かって》に飲《の》むのをやめてしまったんです。それで副作用《ふくさよう》でアトピーが出《で》て、家族《かぞく》にとても迷惑《めいわく》をかけました。

怖《こわ》くて薬《くすり》が飲《の》めなかったために自分《じぶん》の体《からだ》が大変《たいへん》なことになった。それなら薬《くすり》のことをわかれば怖《こわ》さもなくなるだろうと思《おも》ったのが、薬《くすり》の勉強《べんきょう》を始《はじ》めるきっかけでした。

佐藤《さとう》さんに聞《き》いてみよう！ Q&A

Q 薬剤師《やくざいし》になりたい子《こ》どもへのメッセージをお願《ねが》いします

A 目《め》の前《まえ》にいる人《ひと》を大事《だいじ》にする練習《れんしゅう》をするといいと思《おも》います。家族《かぞく》でも友達《ともだち》でも先生《せんせい》でもいいのですが、その人《ひと》に対《たい》して今《いま》自分《じぶん》ができることは何《なん》だろう、何《なに》を求《もと》められてるんだろうと考《かんが》えてみる。一緒《いっしょ》に生活《せいかつ》する相手《あいて》や目《め》の前《まえ》の親《した》しい人《ひと》を大事《だいじ》にできる人《ひと》が薬剤師《やくざいし》に向《む》いていると思《おも》います。しっかりと相手《あいて》と向《む》き合《あ》って、いつでも優《やさ》しく接《せっ》してみましょう。今《いま》できることをしっかりやるようにしてください。

Q お休《やす》みの日《ひ》は何《なに》をして過《す》ごしていますか？

A 半分《はんぶん》は勉強《べんきょう》ですね。今《いま》はインターネットで勉強《べんきょう》できる世《よ》の中《なか》なので、自宅《じたく》で研修《けんしゅう》ビデオを見《み》たりします。あとは待合室《まちあいしつ》に飾《かざ》る写真《しゃしん》を撮《と》ったり、折《お》り紙《がみ》を折《お》ったりしています。

それと、昔《むかし》からゲームがすごく好《す》きで、今《いま》でもよくやっています。フローチャートを自作《じさく》するようなゲーマーなんです。そうやって好《す》きなことを突《つ》き詰《つ》めるのが、仕事《しごと》を適当《てきとう》にしてしまわないことにつながっているのかもしれません。

Q 今《いま》の仕事《しごと》で工夫《くふう》していることは何《なん》ですか？

A どんなにムスッとした患者《かんじゃ》さんも一度《いちど》は笑《わら》わせてやろうと思《おも》っています。どうでもいい話《はなし》で笑《わら》うとか、こっちの笑顔《えがお》につられて笑《わら》うとかでもいいんです。リラックスしていろいろな話《はなし》をしてくれると、それが患者《かんじゃ》さんの健《けん》康管理《こうかんり》にも結《むす》びつきます。

患者《かんじゃ》さんはみんな病気《びょうき》で薬局《やっきょく》に来《き》ているから、楽《たの》しい気分《きぶん》ではありません。ここで切《き》り替《か》えて、少《すこ》しでも楽《たの》しい気持《きも》ちで帰《かえ》ってくれるとうれしいですね。

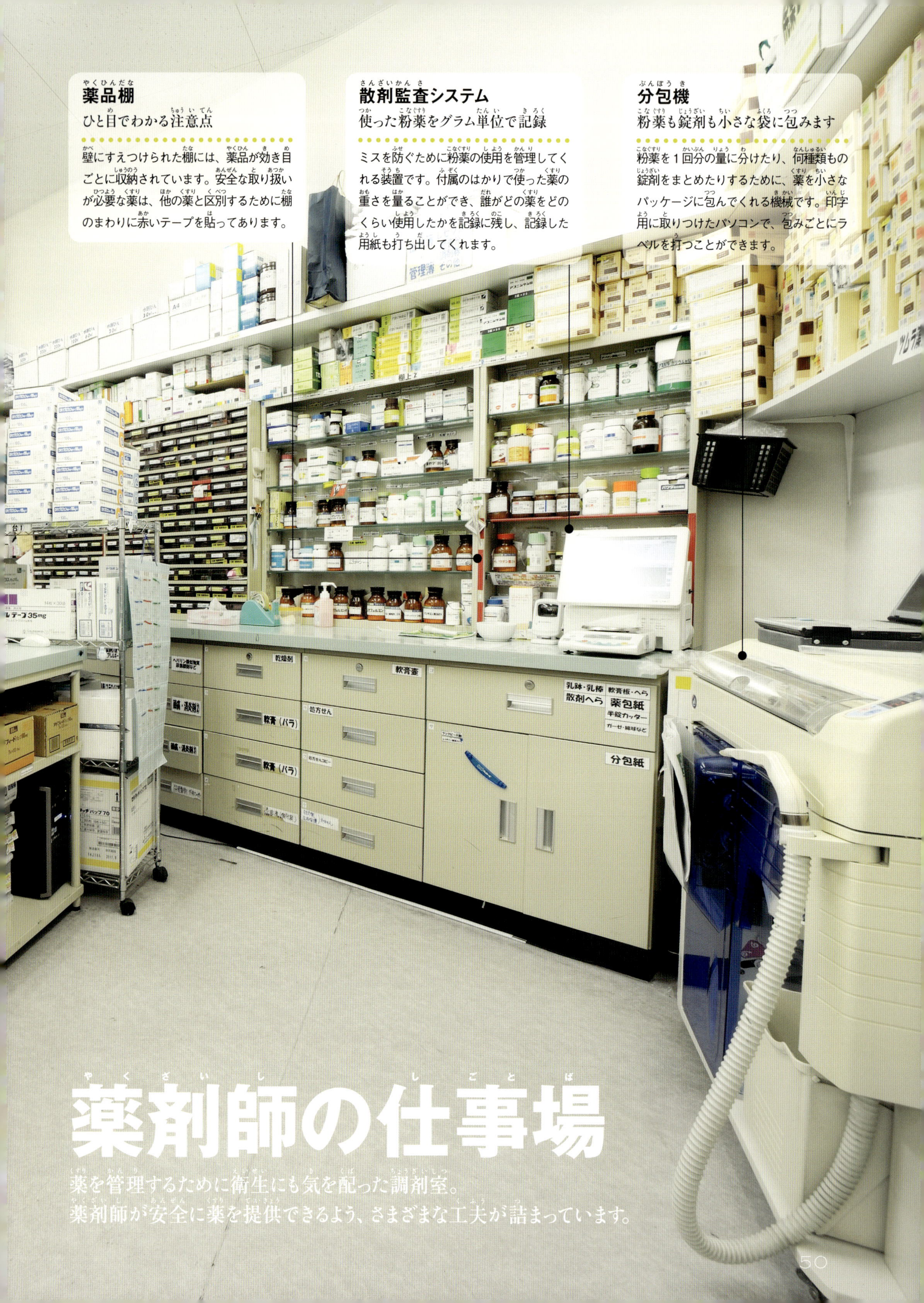

薬品棚《やくひんだな》

ひと目《め》でわかる注意点《ちゅういてん》

壁《かべ》にすえつけられた棚《たな》には、薬品《やくひん》が効《き》き目《め》ごとに収納《しゅうのう》されています。安全《あんぜん》な取《と》り扱《あつか》いが必要《ひつよう》な薬《くすり》は、他《ほか》の薬《くすり》と区別《くべつ》するために棚《たな》のまわりに赤《あか》いテープを貼《は》ってあります。

散剤監査《さんざいかんさ》システム

使《つか》った粉薬《こなぐすり》をグラム単位《たんい》で記録《きろく》

ミスを防《ふせ》ぐために粉薬《こなぐすり》の使用《しよう》を管理《かんり》してくれる装置《そうち》です。付属《ふぞく》のはかりで使《つか》った薬《くすり》の重《おも》さを量《はか》ることができ、誰《だれ》がどの薬《くすり》をどのくらい使用《しよう》したかを記録《きろく》に残《のこ》し、記録《きろく》した用紙《ようし》も打《う》ち出《だ》してくれます。

分包機《ぶんぽうき》

粉薬《こなぐすり》も錠剤《じょうざい》も小《ち》さな袋《ふくろ》に包《つつ》みます

粉薬《こなぐすり》を１回分《かいぶん》の量《りょう》に分《わ》けたり、何種類《なんしゅるい》もの錠剤《じょうざい》をまとめたりするために、薬《くすり》を小《ち》さなパッケージに包《つつ》んでくれる機械《きかい》です。印字《いんじ》用《よう》に取《と》りつけたパソコンで、包《つつ》みごとにラベルを打《う》つことができます。

薬剤師《やくざいし》の仕事場《しごとば》

薬《くすり》を管理《かんり》するために衛生《えいせい》にも気《き》を配《くば》った調剤室《ちょうざいしつ》。
薬剤師《やくざいし》が安全《あんぜん》に薬《くすり》を提供《ていきょう》できるよう、さまざまな工夫《くふう》が詰《つ》まっています。

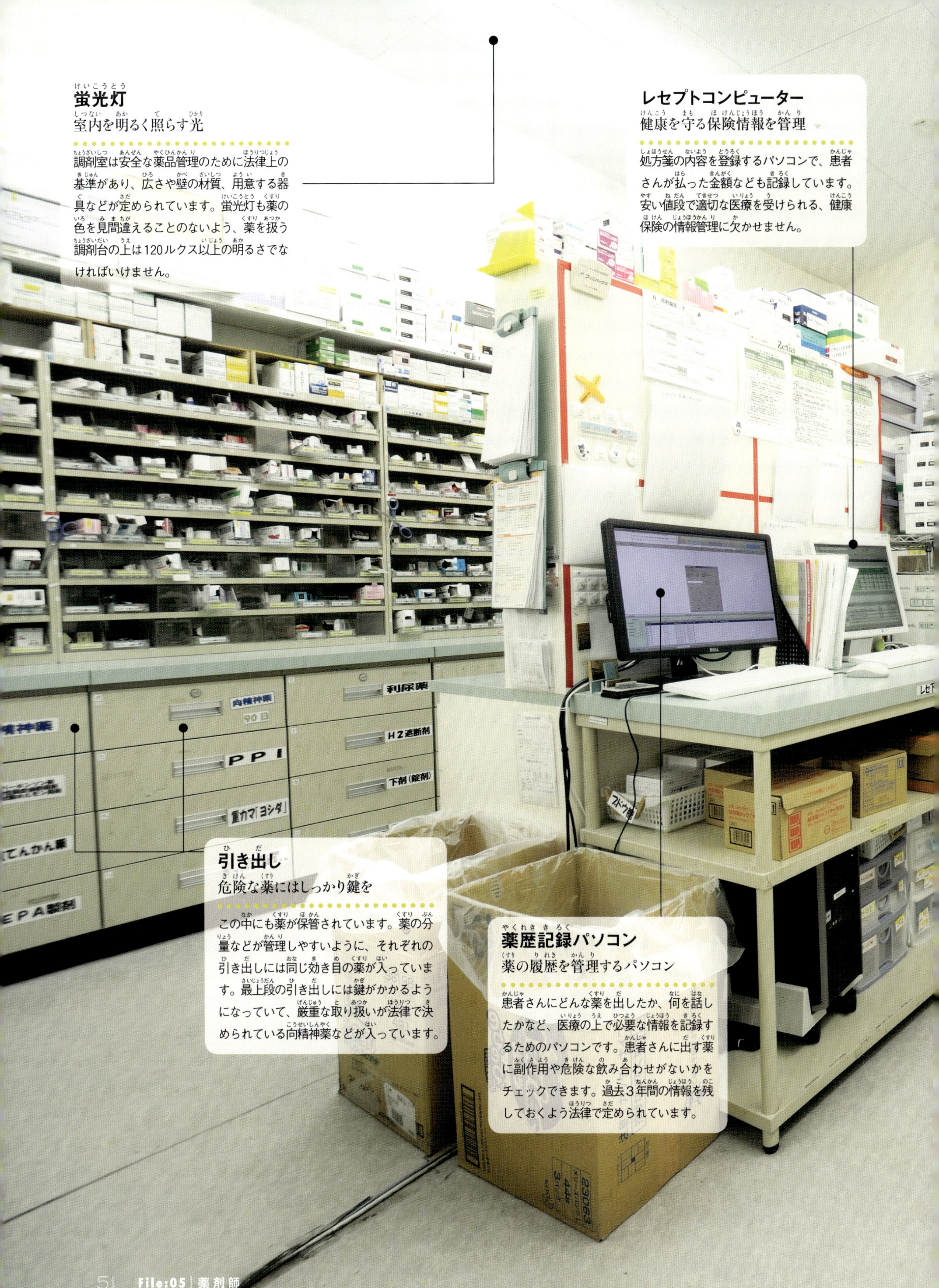

蛍光灯《けいこうとう》

室内《しつない》を明《あか》るく照《て》らす光《ひかり》

調剤室《ちょうざいしつ》は安全《あんぜん》な薬品管理《やくひんかんり》のために法律上《ほうりつじょう》の基準《きじゅん》があり、広《ひろ》さや壁《かべ》の材質《ざいしつ》、用意《ようい》する器《き》具《ぐ》などが定《さだ》められています。蛍光灯《けいこうとう》も薬《くすり》の色《いろ》を見《み》間《ま》違《ちが》えることのないよう、薬《くすり》を扱《あつか》う調剤台《ちょうざいだい》の上《うえ》は120ルクス以上《いじょう》の明《あか》るさでなければいけません。

レセプトコンピューター

健康《けんこう》を守《まも》る保険情報《ほけんじょうほう》を管理《かんり》

処方箋《しょほうせん》の内容《ないよう》を登録《とうろく》するパソコンで、患者《かんじゃ》さんが払《はら》った金額《きんがく》なども記録《きろく》しています。安《やす》い値段《ねだん》で適切《てきせつ》な医療《いりょう》を受《う》けられる、健康《けんこう》保険《ほけん》の情報管理《じょうほうかんり》に欠《か》かせません。

引《ひ》き出《だ》し

危険《きけん》な薬《くすり》にはしっかり鍵《かぎ》を

この中《なか》にも薬《くすり》が保管《ほかん》されています。薬《くすり》の分《ぶん》量《りょう》などが管理《かんり》しやすいように、それぞれの引《ひ》き出《だ》しには同《おな》じ効《き》き目《め》の薬《くすり》が入《はい》っています。最上段《さいじょうだん》の引《ひ》き出《だ》しには鍵《かぎ》がかかるようになっていて、厳重《げんじゅう》な取《と》り扱《あつか》いが法律《ほうりつ》で決《き》められている向精神薬《こうせいしんやく》などが入《はい》っています。

薬歴記録《やくれききろく》パソコン

薬《くすり》の履歴《りれき》を管理《かんり》するパソコン

患者《かんじゃ》さんにどんな薬《くすり》を出《だ》したか、何《なに》を話《はな》したかなど、医療《いりょう》の上《うえ》で必要《ひつよう》な情報《じょうほう》を記録《きろく》するためのパソコンです。患者《かんじゃ》さんに出《だ》す薬《くすり》に副作用《ふくさよう》や危険《きけん》な飲《の》み合《あ》わせがないかをチェックできます。過去《かこ》3年間《ねんかん》の情報《じょうほう》を残《のこ》しておくよう法律《ほうりつ》で定《さだ》められています。

佐藤《さとう》さんこだわりの7つ道具《どうぐ》

ミスを起《お》こさないよう、
正確《せいかく》な調剤《ちょうざい》をするための道具《どうぐ》ばかりです。

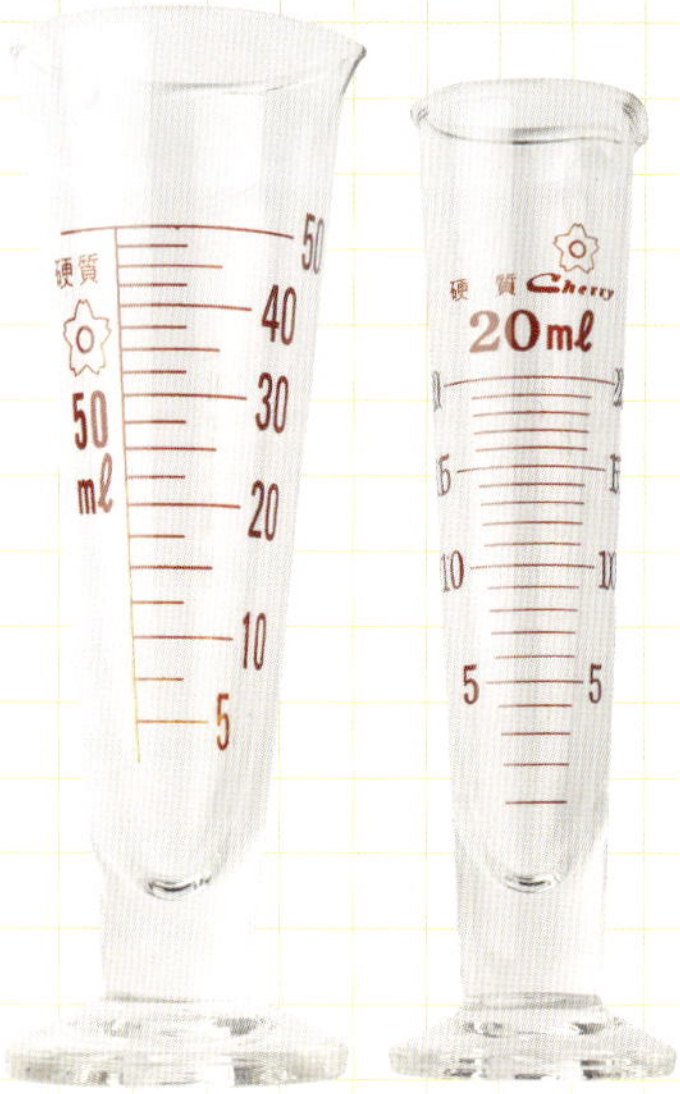

◀メートルグラス

シロップ剤《ざい》を量《はか》ります

液体状《えきたいじょう》のシロップ剤《ざい》を量《はか》るためのグラスです。使《つか》うときには分量《ぶんりょう》が正確《せいかく》に量《はか》れるように目盛《めも》りを目《め》の高《たか》さに合《あ》わせて持《も》ち、ゆっくり注《そそ》いでいきます。

◀計算機《けいさんき》

細《こま》かい計算《けいさん》にも

薬《くすり》の必要《ひつよう》な量《りょう》を計算《けいさん》するために使《つか》う計算機《けいさんき》。適量《てきりょう》が体重《たいじゅう》1キロにつき0.0何《なん》グラムと決《き》まっている薬《くすり》も多《おお》く、正《ただ》しい分量《ぶんりょう》を出《だ》すために欠《か》かせない道具《どうぐ》です。

▶印鑑《いんかん》

サイン代《が》わりに!

薬剤師《やくざいし》は薬《くすり》に関《かか》わる作業《さぎょう》すべてに法律上《ほうりつじょう》の責任《せきにん》を持《も》つので、この印鑑《いんかん》を作業《さぎょう》ごとにサイン代《が》わりに押《お》しています。フルネームなのも法律《ほうりつ》で決《き》められています。普段《ふだん》から名札《なふだ》にキーホルダーでつけています。

▲軟膏板《なんこうばん》と軟膏《なんこう》へら

薬《くすり》の効《き》き目《め》を保《たも》つ工夫《くふう》

塗《ぬ》り薬《ぐすり》を混《ま》ぜるための板《いた》とへらです。混《ま》ぜるときに空気《くうき》が入《はい》ると薬《くすり》の効果《こうか》が落《お》ちてしまうことがあるため、平《たい》らな板《いた》の形《かたち》をしています。裏《うら》には突起《とっき》があって、机《つくえ》など台《だい》の端《はし》に引《ひ》っかけることができます。

◀乳鉢《にゅうばち》と乳棒《にゅうぼう》

飲《の》みやすい薬《くすり》を作《つく》るために

小《ちい》さな子《こ》どもやお年寄《としよ》りなど錠剤《じょうざい》を飲《の》むのが苦手《にがて》な患者《かんじゃ》さんには、錠剤《じょうざい》をすり潰《つぶ》して粉薬《こなぐすり》の形《かたち》で出《だ》すことがあります。また2種類以上《しゅるいいじょう》の粉薬《こなぐすり》を混《ま》ぜるときにも使用《しよう》します。そのために使《つか》う陶器製《とうきせい》の鉢《はち》と棒《ぼう》で、すり潰《つぶ》しやすいように棒《ぼう》の先端《せんたん》はざらざらした作《つく》りになっています。

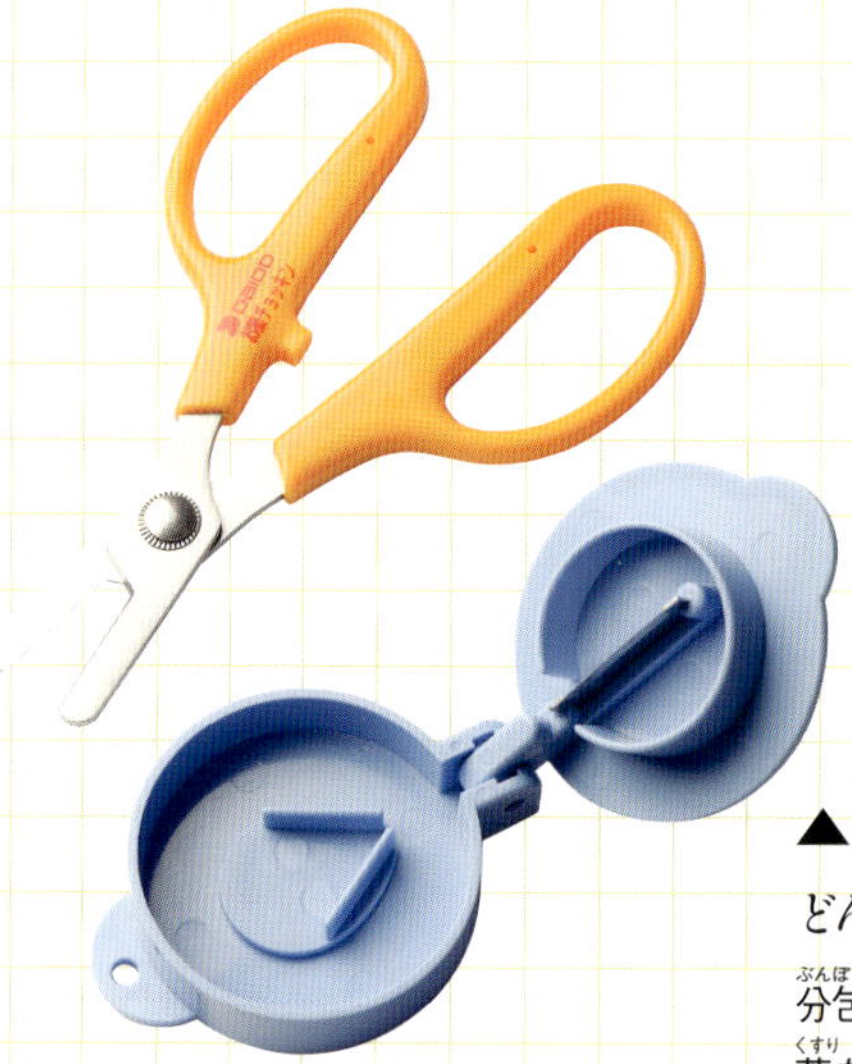

▼錠剤《じょうざい》はさみと半錠《はんじょう》カッター

錠剤《じょうざい》をきっちりカット

どちらも適量《てきりょう》の薬《くすり》を患者《かんじゃ》さんに出《だ》すための道具《どうぐ》です。はさみはシートを切《き》るときに使《つか》います。患者《かんじゃ》さんが小《ちい》さな子《こ》どもなどの場合《ばあい》、1錠《じょう》では薬《くすり》の量《りょう》が多《おお》すぎることがあります。そのときはカッターの枠《わく》に錠剤《じょうざい》をセットし、フタについた刃《は》で半分《はんぶん》に切《き》ります。

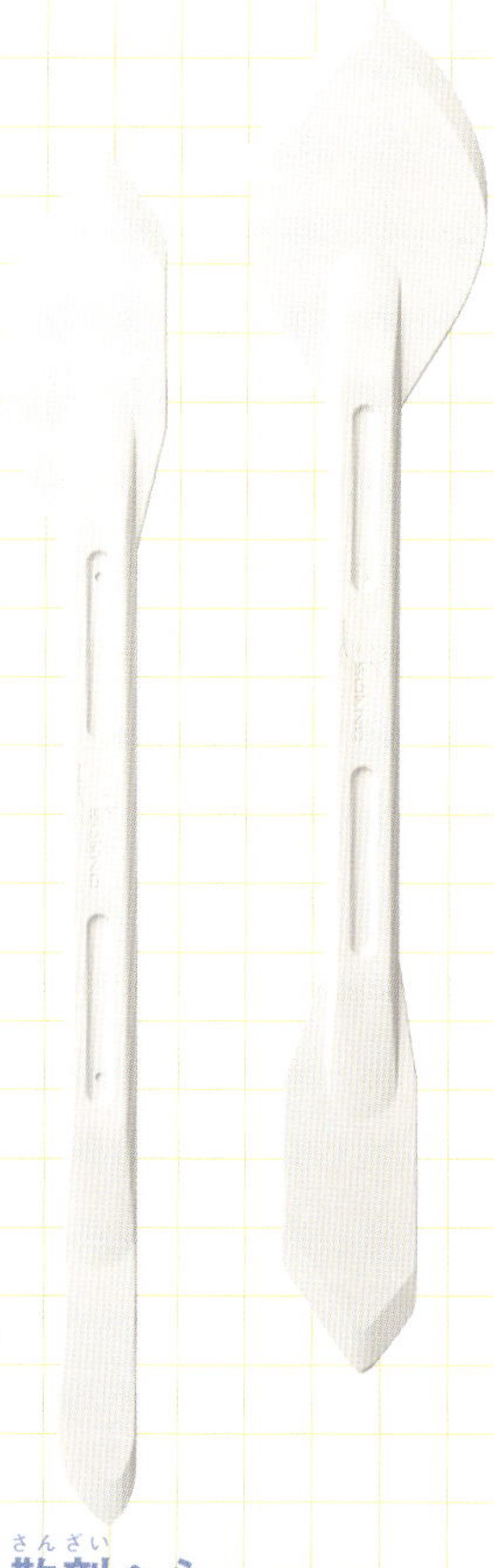

▲散剤《さんざい》へら

どんな量《りょう》の薬《くすり》にも対応《たいおう》

分包機《ぶんぽうき》で粉薬《こなぐすり》を均等《きんとう》に分《わ》けるため、薬《くすり》を平《たい》らにならすのに使《つか》います。どんな量《りょう》の薬《くすり》にも対応《たいおう》できるように、2本《ほん》の両端《りょうたん》でそれぞれ幅《はば》が違《ちが》っています。

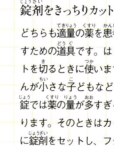

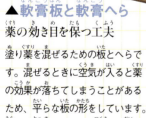

薬剤師《やくざいし》って どうしたらなれるの?

中学《ちゅうがく》 3年《ねん》　15歳《さい》

高校《こうこう》 3年《ねん》　18歳《さい》

大学薬学部《だいがくやくがくぶ》 6年《ねん》　24歳《さい》

薬剤師《やくざいし》*1になるには大学《だいがく》の薬学部《やくがくぶ》を6年間《ねんかん》かけて卒業《そつぎょう》し、
国家試験《こっかしけん》に合格《ごうかく》する必要《ひつよう》があります。
大学《だいがく》では薬《くすり》に対《たい》する知識《ちしき》、薬局《やっきょく》や病院《びょういん》での研修《けんしゅう》など、薬剤師《やくざいし》になるための教育《きょういく》を受《う》けます。

薬剤師試験《やくざいししけん》　20代《だい》

薬剤師試験《やくざいししけん》は年《ねん》に1回《かい》。試験内容《しけんないよう》は筆記《ひっき》のみです。6年間大学《ねんかんだいがく》に通《かよ》うので、薬剤師《やくざいし》になれるのは最速《さいそく》でも24歳《さい》から。

大学《だいがく》の他《ほか》に予備校《よびこう》に通《かよ》って、試験《しけん》の対策《たいさく》をすることもあります。

薬剤師《やくざいし》

病院《びょういん》や薬局《やっきょく》、製薬会社《せいやくがいしゃ》などに勤《つと》めます。就職後《しゅうしょくご》も勉強《べんきょう》して高度《こうど》な知識《ちしき》を身《み》につけ、認定薬剤師《にんていやくざいし》*1の資格《しかく》を取《と》ることもできます。

また、資格《しかく》を生《い》かして*3薬《くすり》に関《かか》わるさまざまな場所《ばしょ》で働《はたら》くこともできます。

*1 薬剤師《やくざいし》

医薬品《いやくひん》の専門知識《せんもんちしき》があることを認《みと》めた国家《こっか》資格《しかく》で、医薬品《いやくひん》の調合《ちょうごう》が認《みと》められた唯一《ゆいいつ》の資格《しかく》です。調剤薬局《ちょうざいやっきょく》には必《かなら》ず置《お》くよう決《き》められています。医薬品《いやくひん》の製造《せいぞう》に関《かか》わることもあります。

*2 認定薬剤師《にんていやくざいし》

特定分野《とくていぶんや》で高度《こうど》な薬学知識《やくがくちしき》があると認《みと》められた資格《しかく》で、薬学関係《やくがくかんけい》の学会《がっかい》などが認定《にんてい》しています。がん専門薬剤師《せんもんやくざいし》、精神科専門薬剤師《せいしんかせんもんやくざいし》、漢方薬《かんぽうやく》・生薬認定薬剤師《しょうやくにんていやくざいし》などさまざまな種類《しゅるい》があります。

*3 資格《しかく》を生《い》かした仕事《しごと》

薬剤師《やくざいし》資格《しかく》を持《も》った人《ひと》が働《はたら》いている現場《げんば》はいろいろあります。麻薬取締官《まやくとりしまりかん》、薬学部教員《やくがくぶきょういん》、保健所職員《ほけんじょしょくいん》、科学捜査研究員《かがくそうさけんきゅういん》、毒物劇物取扱責任者《どくぶつげきぶつとりあつかいせきにんしゃ》など、いろいろな仕事場《しごとば》で薬品《やくひん》の知識《ちしき》を活用《かつよう》しています。

平均給与月額《へいきんきゅうよげつがく》

44万《まん》1,000円《えん》

推定平均年収《すいていへいきんねんしゅう》

530万円《まんえん》

お給料《きゅうりょう》っていくら?

薬剤師《やくざいし》は病院《びょういん》の薬局《やっきょく》やドラッグストアに勤《つと》めるのがほとんどです。長《なが》く働《はたら》いて実力《じつりょく》を認《みと》められれば、薬局《やっきょく》の管理責任者《かんりせきにんしゃ》などに昇進《しょうしん》することができて、より高《たか》いお給料《きゅうりょう》を貰《もら》えるようになります。

＊平成《へいせい》25年厚生労働省《ねんこうせいろうどうしょう》「賃金構造基本統計調査《ちんぎんこうぞうきほんとうけいちょうさ》」より。ただし、勤務先《きんむさき》、経験年数《けいけんねんすう》、雇用形態《こようけいたい》などにより大《おお》きく異《こと》なります。

他《ほか》にもいろいろなお仕事《しごと》!

医療《いりょう》に関《かん》するお仕事《しごと》は多種多様《たしゅたよう》です。
もしかしたら皆《みな》さんの将来《しょうらい》の職業《しょくぎょう》がこのなかにあるかも!

理学療法士《りがくりょうほうし》

【どんな仕事《しごと》?】

病気《びょうき》やけがなどで機能《きのう》が落《お》ちてしまった体《からだ》の状態《じょうたい》を元《もと》に戻《もど》すために行《おこな》う、リハビリテーションの専門家《せんもんか》です。リハビリは医師《いし》や看護師《かんごし》、作業療法士《さぎょうりょうほうし》と協力《きょうりょく》して行《おこな》い、患者《かんじゃ》さんが元通《もとどお》りに自力《じりき》で座《すわ》ったり歩《ある》いたりという基本的《きほんてき》な動作《どうさ》ができるように、運動療法《うんどうりょうほう》の指導《しどう》やマッサージをして体《からだ》の機能回復《きのうかいふく》を手助《てだす》けします。

【どうしたらなれる?】

理学療法士《りがくりょうほうし》として働《はたら》くには国家試験《こっかしけん》に合格《ごうかく》する必要《ひつよう》があります。受験《じゅけん》のためには養成《ようせい》コースのある大学《だいがく》・短大《たんだい》・専門学校《せんもんがっこう》に入学《にゅうがく》し、3年以上《ねんいじょう》の時間《じかん》をかけて卒業《そつぎょう》しなければいけません。資格取得後《しかくしゅとくご》もより高《たか》い知識《ちしき》を身《み》につけるため、大学院《だいがくいん》などで勉強《べんきょう》することもできます。主《おも》な仕事場《しごとば》は病院《びょういん》や介護施設《かいごしせつ》など。専門知識《せんもんちしき》を生《い》かし、スポーツチームに所属《しょぞく》して選手《せんしゅ》のけがのリハビリに関《かか》わる場合《ばあい》もあります。

臨床検査技師《りんしょうけんさぎし》

【どんな仕事《しごと》?】

病気《びょうき》の診断《しんだん》に役立《やくだ》てるために患者《かんじゃ》さんの体《からだ》を調《しら》べる検査《けんさ》の専門家《せんもんか》です。検査《けんさ》には脳波《のうは》や心電図《しんでんず》などを調《しら》べる生理学的検査《せいりがくてきけんさ》、血液《けつえき》などを調《しら》べる検体検査《けんたいけんさ》の2種類《しゅるい》があります。医療機器《いりょうきき》の進歩《しんぽ》でさまざまな病気《びょうき》が調《しら》べられるようになっている現在《げんざい》、医療《いりょう》と検査技術《けんさぎじゅつ》についての高《たか》い専門知識《せんもんちしき》が必要《ひつよう》な仕事《しごと》です。

【どうしたらなれる?】

臨床検査技師《りんしょうけんさぎし》には国家資格《こっかしかく》が必要《ひつよう》で、専門学校《せんもんがっこう》・短大《たんだい》・大学《だいがく》を2年以上《ねんいじょう》かけて卒業《そつぎょう》した人《ひと》に受験資格《じゅけんしかく》があります。この資格《しかく》を取《と》って経験《けいけん》を積《つ》むと、細胞検査士《さいぼうけんさし》、超音波検査士《ちょうおんぱけんさし》など専門性《せんもんせい》の強《つよ》い資格《しかく》を取《と》ることもできます。資格《しかく》を取《と》った後《あと》も現場《げんば》で経験《けいけん》を積《つ》み、さまざまな医療《いりょう》の知識《ちしき》を身《み》につけなくてはいけません。主《おも》な仕事場《しごとば》は病院《びょういん》や検査《けんさ》センターなどですが、医療機器《いりょうきき》メーカーに勤《つと》める人《ひと》もいます。

診療放射線技師《しんりょうほうしゃせんぎし》

【どんな仕事《しごと》?】

検査《けんさ》や治療《ちりょう》のために放射線《ほうしゃせん》を取《と》り扱《あつか》う技術者《ぎじゅつしゃ》です。放射線《ほうしゃせん》は取《と》り扱《あつか》いを間違《まちが》えると人体《じんたい》に害《がい》を与《あた》えるため、慎重《しんちょう》な安全管理《あんぜんかんり》が欠《か》かせません。健康診断《けんこうしんだん》でのレントゲン写真撮影《しゃしんさつえい》がなじみ深《ぶか》いですが、がんを治《なお》すための放射線治療《ほうしゃせんちりょう》なども手《て》がけます。ときには放射線《ほうしゃせん》を使《つか》わないMRIなどの検査《けんさ》に関《かか》わることもあります。

【どうしたらなれる?】

国家試験《こっかしけん》に合格《ごうかく》して資格《しかく》を取《と》らなくてはいけません。受験資格《じゅけんしかく》は大学《だいがく》・短大《たんだい》・専門学校《せんもんがっこう》で3年以上《ねんいじょう》学《がく》んで、卒業《そつぎょう》した人《ひと》に与《あた》えられます。就職先《しゅうしょくさき》は病院《びょういん》や検査施設《けんさしせつ》などです。放射線《ほうしゃせん》は医療現場《いりょうげんば》での効果《こうか》が高《たか》く、今《いま》も新《あたら》しい機器《きき》が次々《つぎつぎ》と開発《かいはつ》されています。そのため、就職《しゅうしょく》した後《あと》もいつも最新《さいしん》の情報《じょうほう》をチェックし続《つづ》ける必要《ひつよう》があります。

歯科技工士《しかぎこうし》

【どんな仕事《しごと》?】

歯科医師《しかいし》の指示《しじ》のもと、入《い》れ歯《ば》や詰《つ》め物《もの》といった歯《は》に関《かん》する医療器具《いりょうきぐ》を作《つく》る技術者《ぎじゅつしゃ》です。歯《は》は日常生活《にちじょうせいかつ》に欠《か》かせないものなので、単《たん》に代《か》わりとなるだけでなく、患者《かんじゃ》さんが快適《かいてき》に過《す》ごせるような心配《こころくば》りも求《もと》められます。高齢化《こうれいか》が進《すす》んで歯《は》の悪《わる》いお年寄《としよ》りが増《ふ》えている現在《げんざい》、ニーズが増《ま》している仕事《しごと》です。

【どうしたらなれる?】

歯科技工士《しかぎこうし》になるには国家試験《こっかしけん》に合格《ごうかく》し、資格《しかく》を持《も》っていなくてはいけません。試験《しけん》を受《う》けるには高校卒業後《こうこうそつぎょうご》、大学《だいがく》・高校《こうこう》・専門学校《せんもんがっこう》などの養成学校《ようせいがっこう》に最低《さいてい》2年間《ねんかん》通《かよ》い、卒業《そつぎょう》することが必要《ひつよう》です。中《なか》には夜間課程《やかんかてい》で働《はたら》きながら通《かよ》える学校《がっこう》もあります。主《おも》な就職先《しゅうしょくさき》は歯科医《しかい》からの注文《ちゅうもん》を請《う》け負《お》う歯科技工所《しかぎこうしょ》で、約《やく》7割《わり》の歯科技工士《しかぎこうし》が働《はたら》いています。高《たか》い技術《ぎじゅつ》を持《も》つ人《ひと》は独立《どくりつ》の道《みち》もある仕事《しごと》です。

医療事務員《いりょうじむいん》

【どんな仕事《しごと》?】

患者《かんじゃ》さんの受《う》け付《つ》けや予約管理《よやくかんり》、カルテの整理《せいり》など、病院内《びょういんない》の事務《じむ》を引《ひ》き受《う》けるのが医療事務員《いりょうじむいん》です。特《とく》に重要《じゅうよう》なのは健康保険《けんこうほけん》に関《かん》する仕事《しごと》です。日本《にっぽん》ではすべての人《ひと》が安定《あんてい》した医療《いりょう》を受《う》けられるための健康保険《けんこうほけん》がありますが、患者《かんじゃ》さんや治療《ちりょう》によって扱《あつか》いが変《か》わるため、保険《ほけん》についての知識《ちしき》も求《もと》められる仕事《しごと》です。

【どうしたらなれる?】

特別《とくべつ》な資格《しかく》は必要《ひつよう》ありません。学校《がっこう》を卒業後《そつぎょうご》に医療施設《いりょうしせつ》に就職《しゅうしょく》するのが一般的《いっぱんてき》です。医療事務員《いりょうじむいん》を養成《ようせい》する専門学校《せんもんがっこう》では、保険《ほけん》や医学《いがく》についての知識《ちしき》を学《まな》ぶと同時《どうじ》に、簿記検定《ぼきけんてい》・秘書検定《ひしょけんてい》などの資格《しかく》を取《と》ることもできます。民間《みんかん》の医療事務資格《いりょうじむしかく》もあるので、医療事務員《いりょうじむいん》を目指《めざ》す人《ひと》は取得《しゅとく》するとよいでしょう。病院《びょういん》に来《き》た患者《かんじゃ》さんと最初《さいしょ》に接《せっ》する仕事《しごと》のため、コミュニケーション能力《のうりょく》も必要《ひつよう》です。

臨床工学技士《りんしょうこうがくぎし》

【どんな仕事《しごと》?】

病院《びょういん》では患者《かんじゃ》さんの命《いのち》を守《まも》るため、人工心肺《じんこうしんぱい》、人工透析器《じんこうとうせきき》などさまざまな医療機器《いりょうきき》が使《つか》われています。これらの装置《そうち》は慎重《しんちょう》な取《と》り扱《あつか》いが必要《ひつよう》になりますが、医師《いし》や看護師《かんごし》などと協力《きょうりょく》して操作《そうさ》を行《おこな》っているのが臨床工学技士《りんしょうこうがくぎし》です。医療技術《いりょうぎじゅつ》の進歩《しんぽ》に合《あ》わせて、比較的《ひかくてき》最近《さいきん》になって生《う》まれた新《あたら》しい仕事《しごと》です。

【どうしたらなれる?】

臨床工学技士《りんしょうこうがくぎし》は国家資格《こっかしかく》が必要《ひつよう》です。資格試験《しかくしけん》を受《う》けるためには専門《せんもん》の教育機関《きょういくきかん》を卒業《そつぎょう》しなければなりません。この学校《がっこう》は1年制《ねんせい》の専門学校《せんもんがっこう》から4年制《ねんせい》の大学《だいがく》まで、さまざまな種類《しゅるい》があります。主《おも》な就職先《しゅうしょくさき》は病院《びょういん》や医療機器《いりょうきき》メーカー。就職後《しゅうしょくご》も研修《けんしゅう》などで常《つね》に新《あたら》しい技術情報《ぎじゅつじょうほう》を取《と》り入《い》れ続《つづ》ける必要《ひつよう》があります。手術《しゅじゅつ》や診療現場《しんりょうげんば》での医療機器《いりょうきき》の操作《そうさ》のほか、看護師《かんごし》への講習《こうしゅう》などさまざまな仕事《しごと》があります。

移植《いしょく》コーディネーター

【どんな仕事《しごと》?】

病気《びょうき》で体《からだ》の器官《きかん》が正常《せいじょう》に働《はたら》かない患者《かんじゃ》さんのために、他《ほか》の人《ひと》から健康《けんこう》な臓器《ぞうき》をもらう臓器移植《ぞうきいしょく》。その提供者《ていきょうしゃ》（ドナー）と受給者《じゅきゅうしゃ》（レシピエント）の間《あいだ》を調整《ちょうせい》するのが仕事《しごと》です。臓器《ぞうき》が必要《ひつよう》な人《ひと》の情報《じょうほう》を管理《かんり》して、他《ほか》のコーディネーターと協力《きょうりょく》して臓器《ぞうき》の提供《ていきょう》に備《そな》え、患者《かんじゃ》さんと病院《びょういん》の間《あいだ》の橋渡《はしわた》しをします。

【どうしたらなれる?】

法律《ほうりつ》で定《さだ》められている資格《しかく》はありませんが、看護師《かんごし》や臨床検査技師《りんしょうけんさぎし》の資格《しかく》を持《も》つ人《ひと》がコーディネーターとして働《はたら》いてるので、まず資格《しかく》を取《と》り、実際《じっさい》に医療現場《いりょうげんば》で経験《けいけん》を積《つ》むとよいでしょう。現在《げんざい》、臓器移植手術《ぞうきいしょくしゅじゅつ》を行《おこな》っている病院《びょういん》の数《かず》は日本国内《にほんこくない》で数十《すうじゅっ》か所《しょ》ですがコーディネーターを目指《めざ》す人《ひと》のための講習会《こうしゅうかい》なども開《ひら》かれています。

歯科医《しかい》

【どんな仕事《しごと》?】

虫歯治療《むしばちりょう》などの歯《は》に関《かん》する医療行為《いりょうこうい》を専門《せんもん》に行《おこな》う医師《いし》です。歯科衛生士《しかえいせいし》や歯科技工士《しかぎこうし》たち専門《せんもん》スタッフと力《ちから》を合《あ》わせて治療《ちりょう》に当《あ》たっています。口《くち》は神経《しんけい》の集《あつ》まる敏感《びんかん》な場所《ばしょ》で、患者《かんじゃ》さんが快適《かいてき》な生活《せいかつ》を送《おく》れるよう、確《たし》かな技術《ぎじゅつ》が必要《ひつよう》になります。また、歯石《しせき》取《と》りやブラッシング指導《しどう》など、虫歯《むしば》の予防《よぼう》も大事《だいじ》な仕事《しごと》です。

【どうしたらなれる?】

大学歯学部《だいがくしがくぶ》を6年《ねん》かけて卒業《そつぎょう》し、歯科医師国家試験《しかいしこっかしけん》に合格《ごうかく》しなくてはいけません。その後《ご》、医療現場《いりょうげんば》で1年以上《ねんいじょう》の研修《けんしゅう》を終《お》えると、ようやく一人前《いちにんまえ》の歯科医《しかい》として働《はたら》くことができます。仕事場《しごとば》は歯科医院《しかいいん》などで、他《ほか》の科《か》と比《くら》べて個人《こじん》の開業《かいぎょう》が多《おお》いのが特徴《とくちょう》です。そのぶん競争《きょうそう》も激《はげ》しく、他人《たにん》と差《さ》をつけるため、あごの骨《ほね》に人工《じんこう》の歯《は》を埋《う》め込《こ》むインプラントなど、高《たか》い専門技術《せんもんぎじゅつ》を身《み》につける人《ひと》もいます。

協力

埼玉県立小児医療センター
埼玉県さいたま市岩槻区大字馬込2100
048-758-1811

救世軍清瀬病院
東京都清瀬市竹丘1-17-9
042-491-1411

㈶鉄道弘済会 義肢装具サポートセンター
東京都荒川区南千住4-3-3
03-5615-3313

東京薬科大学
東京都八王子市堀之内1432-1
042-676-5111

スギ薬局
愛知県安城市三河安城町一丁目8番地4
0566-73-6323
http://www.drug-sugi.co.jp/

キャリア教育支援ガイド

お仕事ナビ 4 医療に関わる仕事

看護師 外科医 義肢装具士 創薬研究者 薬剤師

お仕事ナビ編集室

制作 株式会社A.I
本文執筆 桑山裕司
撮影 市瀬真以、宮本信義、樋渡 創(クロスポート)
ブックデザイン 羽賀ゆかり

発行者 内田克幸
編 集 池田菜採
発行所 株式会社 理論社
〒101-0062 東京都千代田区神田駿河台2-5
電話 営業 03-6264-8890 編集 03-6264-8891
URL https://www.rironsha.com

2015年 2 月初版
2021年 3 月第6刷発行

印刷・製本 図書印刷 上製加工本

ISBN978-4-652-20071-1 NDC366 A4変型判 29㎝ 55P